THÉOPHRASTE

CARACTÈRES

COLLECTION DES UNIVERSITÉS DE FRANCE
publiée sous le patronage de l'ASSOCIATION GUILLAUME BUDÉ

THÉOPHRASTE

CARACTÈRES

TEXTE ÉTABLI ET TRADUIT
PAR
OCTAVE NAVARRE

Sixième tirage

PARIS
LES BELLES LETTRES
2020

Conformément aux statuts de l'Association Guillaume Budé, ce volume a été soumis à l'approbation de la commission technique, qui a chargé M. Paul Mazon d'en faire la révision et d'en surveiller la correction en collaboration avec M. Octave Navarre.

95 boulevard Raspail, 75006 Paris
www.lesbelleslettres.com

Premier tirage 1921

ISBN : 978-2-251-00323-8
ISSN : 0184-7155

AVERTISSEMENT

DE LA SECONDE ÉDITION

Le texte de cette seconde édition des *Caractères* ne diffère point essentiellement de celui de la première. Le lecteur y constatera cependant un certain nombre de retouches. Il faut dire de quel esprit procèdent ces *repentirs*.

Deux faits nouveaux nous ont été révélés en ces dernières années par les papyrus, exhumés d'Égypte[1]. Premièrement, en maints endroits, où la critique moderne avait cru prendre en flagrant délit d'erreur nos mss., le témoignage des papyrus est venu prouver que telle était bien déjà, plusieurs siècles auparavant (c'est-à-dire dès les environs de l'ère chrétienne), la tradition établie. A la vérité, il est des cas où la faute, en dépit de cette confirmation, demeure avérée. Nous en avons précisément un exemple dans les *Caractères* mêmes. A tout lecteur attentif le chapitre V ne peut manquer d'apparaître comme la fusion accidentelle de deux caractères, absolument hétérogènes[2]. Cette contamination, on la mettait autrefois sur le compte de quelque copiste byzantin. Mais on

1. Kenyon, *Transactions of the British Academy*, 1904, et *Journal of hellenic Studies*, XXXIX, 1919, p. 3-4 ; V. Martin, *Les manuscrits antiques des classiques grecs*, 1919 ; Grenfell, *Journ. of hell. Studies*, XXXIX, 1919, p. 16 sq.

2. Voyez la note dans cette édition (p. 49) et mon *Commentaire des Caractères* de Théophraste, p. XLII sqq. (Paris, Belles-Lettres, 1924).

la trouve déjà dans un papyrus[1]. En sorte que, selon toute vraisemblance, elle remonte jusqu'à l'édition princeps des *Caractères*[2]. Toutefois, contre les règles du bon sens et de la logique, la tradition, si ancienne soit-elle, ne saurait prévaloir. L'erreur étant ici évidente, l'éditeur moderne a le droit et le devoir de la corriger. C'est ce que j'ai fait dans ma première édition, en rattachant, d'après leurs affinités naturelles, la seconde moitié du *Car.* V à la fin du *Car.* XXI. Et cette transposition, je la maintiens, comme de juste, dans la présente édition. Mais les cas de ce genre sont, malgré tout, exceptionnels. D'une manière générale, la confirmation inattendue que, sur nombre de points incriminés, les papyrus apportent à nos mss., doit inviter l'éditeur moderne à beaucoup de prudence. C'est pour cette raison qu'en une dizaine de passages, où précédemment je m'étais écarté d'ABV, je reviens aujourd'hui, la correction ne paraissant pas de nécessité absolue, à la tradition des mss. Je réintègre dans le texte les mots εὖ ἔχειν (IX, 4), προσελθὼν (XII, 4), πω (XVIII, 9), que j'en avais expulsés. Par contre, je retranche un certain nombre de suppléments, que je ne juge plus indispensables : προῖκα (XV, 5), ἣν (XX, 6), πολλὴν (XXII, 10), εὖ παθὼν δὲ μή (XXIV, 3), τις (XXVI, 2), τὸ (XXX, 10)[3]. Enfin dans les passages suivants, où j'avais cru devoir corriger θεωρεῖν en συνθεωρεῖν (IX, 5), ἰωμένας en ἰουμένας (X, 14), αὐτόν en αὐτοῦ (XIX, 2), ἀναβαλλόμενος en ἀναβαλλόμενος (XIX, 7), j'ai rétabli la leçon, après tout acceptable, d'ABV.

1. D. Bassi, *Herculan. voluminum quae supersunt collectio,* III, t. I, p. 13, Milan, Hoepli, 1914. Cf. Edmonds, *Classical Quarterly,* IV, 1910, p. 135.

2. *Commentaire*, p. LIII-LIV.

3. Dans le même esprit, j'ai supprimé (XXX, 16) une conjecture que je juge aujourd'hui trop aventureuse. Mais le passage est gâté, et reste à corriger.

Un second fait a été mis en lumière par les papyrus. On a eu la surprise de constater qu'ils s'accordaient très fréquemment avec les mss. dits inférieurs, et, dans quelques cas même, plus fréquemment avec eux qu'avec le ms. principal[1]. Force est de conclure que bon nombre de leçons, jusqu'alors dédaignées, ne sont point, comme on l'admettait jadis, de simples conjectures byzantines, mais proviennent de l'antiquité. Aussi bien l'explication est des plus simples : elle nous est fournie par les papyrus eux-mêmes. Généralement, ceux-ci sont pourvus, soit en marge, soit dans l'interligne, de variantes. Ce qui nous donne le droit de penser qu'il en était de même dans les originaux d'où ils dérivent, c'est-à-dire, en dernière analyse, dans la vulgate alexandrine. Les éditeurs alexandrins, en effet, pour établir la vulgate des auteurs grecs, avaient dû nécessairement, là où il y avait divergence entre leurs sources, faire un choix. Mais ce choix, ils ne l'avaient arrêté le plus souvent qu'après maintes hésitations : c'est pourquoi, à côté de la leçon admise aux honneurs du texte, ils notaient à l'occasion telle autre leçon, qu'ils jugeaient également plausible. A leur tour, les éditeurs, les copistes mêmes des âges suivants, tout en retranscrivant fidèlement dans leur ensemble les textes alexandrins, ne se sont pas fait faute d'introduire, au gré de leur goût ou de leur caprice personnel, certaines de ces variantes dans le texte. De là, au cours des siècles, un perpétuel échange entre la marge (ou l'interligne) et le texte, et réciproquement[2]. A première vue, il est vrai, ces constatations ne paraissent pas applicables au texte

1. Exemple, l'*Urbinas* d'Isocrate, dont le texte concorde plus rarement avec les papyrus que celui des *deteriores*.

2. Voyez à ce sujet les pénétrantes remarques de P. Mazon, dans l'*Introduction* de son édition d'Eschyle, p. XXIV sqq. (Collection G. Budé).

des *Caractères*. Ce texte, en effet, n'a été publié (nous exposerons plus bas pour quelles raisons[1]) que vers la fin du IIe siècle av. J.-C., de sorte qu'il n'y a pas eu de vulgate alexandrine des *Caractères*. Mais qu'on veuille bien se représenter la destinée de cet ouvrage, dans les siècles qui s'écoulèrent entre l'édition princeps et les temps byzantins. Ce qui s'était passé pour l'ensemble des ouvrages classiques, avant l'établissement de la vulgate alexandrine, se répéta très vraisemblablement, les mêmes causes engendrant les mêmes effets : le texte des *Caractères* peu à peu s'altéra, se diversifia. Et ces altérations, ces divergences progressives donnèrent naissance à plusieurs familles de mss. De ces familles, l'une était représentée par l'archétype (IXe siècle ap. J.-C.) de nos trois mss. principaux ABV. Cet archétype comportait-il des variantes, négligées par nos mss. supérieurs, mais dont une partie se retrouverait dans les mss. inférieurs CDEM ? C'est un fait certain, en tout cas, que, dans une soixantaine d'endroits, ceux-ci corrigent de façon heureuse ou plausible ABV. Peut-être objectera-t-on que cette hypothèse se heurte à une impossibilité matérielle, puisque, d'après notre propre opinion, CDEM sont des copies *directes* d'ABV. Mais ce serait là une déduction trop rigide, qui ne tiendrait pas suffisamment compte de la réalité complexe. Rien n'empêche, par exemple, de supposer qu'à l'époque où furent copiés CDEM, circulaient encore des mss. frères d'ABV, c'est-à-dire dérivant du même archétype, mais pourvus de variantes, ou du moins transcrits plus diligemment, ou simplement mieux lisibles, auxquels ont pu, à l'occasion, recourir les scribes de nos mss. inférieurs, là où leur original apparaissait manifestement corrompu. Telles sont les hypo-

1. P. 22.

thèses ou, pour parler plus exactement, les possibilités, qui m'ont fait accueillir avec plus de confiance que dans ma première édition les corrections ou compléments qui se lisent dans les mss. inférieurs. Ce renouveau de confiance à l'égard des dits mss. n'amène, du reste — il importe de le dire — aucune modification importante du texte. Il ne se traduit guère qu'*extérieurement*, c'est-à-dire par la suppression de tous les crochets obliques < >, qui, dans la première édition, signalaient comme de simples conjectures byzantines, plus ou moins heureuses, les lectures empruntées à CDEM [1].

Telles sont, avec quelques retouches de détail apportées à la traduction, les principales différences de cette édition avec la précédente. On y trouvera très peu de conjectures nouvelles, soit personnelles, soit empruntées à autrui. J'en donne ici la liste, avec un mot de justification pour chacune d'elles. III, 3 : à la correction de Diels ὂν, je préfère aujourd'hui celle de Casaubon ὅτι (ὁ AB). Dans la Grèce ancienne, en effet, l'usage des agriculteurs était de laisser leurs terres en jachère une année sur deux (A. Jardé, *Les céréales dans l'antiquité grecque*, p. 81 sqq.). — *Ibid.* A la transposition adoptée, d'après Schneider, dans ma première édition, je substitue celle qu'a récemment proposée van Groningen [2] ; l'ordre des idées est

1. Voir *Commentaire*, p. XXXVIII-XXXIX, la liste de ces emprunts. Il faut y ajouter, dans cette nouvelle édition, trois autres passages : XIV, 5, où, avec les recc., j'écris ἀνιστάμενος (ἀναστὰς, 1re éd.) ; XVIII, 6, ἐργάσεται (ἂν ἐργάσηται, 1re éd.) ; et enfin IV, 2. En ce dernier passage, j'avais déjà, il est vrai, utilisé précédemment la leçon des mss. inférieurs, mais en la complétant. Ces mss. comblent la lacune de AB par les mots καὶ κόψαντος : j'avais ajouté <τινος>. Or, dans les constructions de ce genre au génitif absolu (cf. ici même XIV, 7 et XXX, 18 et mon *Commentaire*, ad h.ll.), le pronom indéfini n'est pas absolument indispensable : je le supprime donc.

2. *Mnemosyne*, vol. LVIII, p. 56.

ainsi beaucoup plus logique. — XV, 6 : réflexion faite, je considère les mots οὔτε τῷ ᾄσαντι comme une dittographie du membre précédent, et par suite je les supprime purement et simplement, sans essayer une correction. — XXIV, 12 : au lieu de διωθεῖν (V), qui n'offre pas de sens, j'écris τιθέναι, qui n'a pas la prétention d'être la vraie leçon, mais qui a du moins l'avantage sur les différentes conjectures proposées d'être une locution grecque. Voici, d'autre part, quelques conjectures nouvelles qui n'ont d'autre but que de rapprocher davantage de la lettre manuscrite le texte proposé. X, 5 : dans la première édition, j'avais expulsé le mot corrompu εἶναι (AB). J'écris aujourd'hui, avec Needham, τινα, qui a chance d'être la primitive leçon. — XXIII, 3 : à la place du simple φῆσαι, j'écris δὴ φῆσαι, plus voisin du texte de V (ψηφῆσαι). — XXIII, 5 : je remplace ἐγένετο par <ἂν> γένοιτο (γένοιτο V). — XXVIII, 6 : renonçant à la correction assez compliquée, admise précédemment, je me borne à insérer, avec Herwerden, devant κακῶς λέγειν l'article <τὸ>, qui suffit pour rendre intelligible le texte de V [1].

Est-il besoin de dire que j'ai mis à profit, pour redresser quelques erreurs ou inadvertances de ma première édition, les remarques, généralement bienveillantes d'ailleurs, dont mon livre a été l'objet de la part de la critique, tant en France qu'à l'étranger ?[2] Je n'ai pas manqué également de consulter l'édition nouvelle des *Caractères*,

1. Voy. encore V, 2, ligne 6, note.

2. L'article du regretté M. Haussoullier, dans la *Rev. de philologie*, m'a été particulièrement-utile. Je n'en dirai pas autant du long compte rendu que m'a consacré dans la revue allemande *Gnomon* le philologue italien Pasquali. Veut-on un exemple des opinions, bien *personnelles*, de ce philologue sur la manière de Théophraste ? Le style de l'auteur des *Caractères* le fait penser, nous dit-il, à l'argot des étudiants allemands (*burschikos*).

publiée en 1923 par O. Immisch (Leipzig et Berlin, Teubner). Je lui dois, en particulier, quelques menues rectifications du texte d'AB, qu'il a pu faire, même après Diels, à l'aide de reproductions photographiques [1]. Ce savant, qui avait pris déjà une part importante à l'édition de la *Société philologique de Leipzig*, était mieux que personne qualifié pour éditer personnellement Théophraste. Son travail, extrêmement consciencieux, me semble toutefois pécher par un conservatisme exagéré.

Pour mettre cette édition de Théophraste en harmonie avec les autres publications de la *Collection G. Budé*, on a ajouté à l'*Introduction* une brève biographie, ainsi qu'une histoire du texte [2].

Qu'on me permette enfin de signaler que le *Commentaire* détaillé des *Caractères*, annoncé dans la préface de ma première édition, a paru en 1924 (*Société d'édition « Les Belles-Lettres »*, Paris).

1. Voy. aussi, à propos de IV, 10, p. 33, n. 1.

2. Cette histoire du texte est empruntée en grande partie à mon *Commentaire*, p. XIII sqq.

INTRODUCTION

I

VIE ET ŒUVRE DE THÉOPHRASTE

Vie de Théophraste.

L'écrivain grec, connu de la postérité sous le pseudonyme de Théophraste, avait reçu à sa naissance le nom plus modeste de Tyrtamos[1]. Il naquit vers l'an 372 av. J.-C.[2] à Érésos, une des villes de la grande île éolienne de Lesbos. Son père Mélantas[3] y exerçait la profession de foulon. Une foulerie, dans l'antiquité, était un établissement important, qui exigeait des capitaux, un personnel nombreux et un outillage compliqué. Mélantas devait donc être un riche industriel. Grâce à quoi son fils put recevoir une éducation brillante. Il suivit d'abord dans sa patrie même les leçons d'un certain Leukippos. Mais sa vocation tôt éveillée pour la philosophie ne se contenta pas longtemps de ce maître obscur. Et, bien que dans les grandes cités lesbiennes, à Mitylène ou à Méthymne, les professeurs ne fissent pas défaut, c'est à Athènes qu'il résolut d'aller achever ses études. Ainsi avait fait déjà, un

1. Ce que nous savons de la vie de Théophraste nous vient presque exclusivement de Diogène Laerce V, 36-57. Cf. Suidas, s. v. Θεόφραστος.
2. Diog. L. V, 58.
3. Ou Léon. Suidas, *s. v.*

quart de siècle auparavant, Aristote lui-même, venu de Stagyre à dix-sept ans. Sur les jeunes Grecs de ce temps, Athènes exerçait la même attraction qu'aujourd'hui Paris sur les jeunes provinciaux de France : c'était la ville lumière, le foyer des lettres et des sciences. A cette date, Platon y achevait sa carrière, et de ses mains un génie égal au sien, quoique fort différent, Aristote, allait recueillir le flambeau de la philosophie. Le jeune Lesbien se mit d'abord à l'école de Platon, dont il resta l'auditeur pendant plusieurs années, jusqu'à la mort du philosophe survenue en 347. Il s'attacha alors à Aristote, qui ne tarda pas à le distinguer. C'est, dit-on, Aristote qui, frappé de son talent de parole, changea une première fois son nom de Tyrtamos en celui d'Euphraste (« *le bien parlant* »), puis, par une nouvelle gradation qui nous semble quelque peu hyperbolique, en celui de Théophraste (« *le divinement parlant* »)[1]. Mais Aristote eut l'occasion de témoigner, d'une façon plus effective, à son disciple préféré l'estime singulière qu'il faisait de son caractère et de son esprit. En 323, lorsque, sous la menace d'une accusation d'impiété, il dut quitter Athènes et se réfugier à Chalcis, c'est à Théophraste, entre tant d'autres disciples, qu'il confia la direction de l'école péripatéticienne, en même temps qu'il lui léguait sa bibliothèque. Dès lors, pendant trente-cinq ans, Théophraste resta à la tête du Lycée, s'adonnant tout entier à son enseignement et à ses études personnelles. Le travail intellectuel fut la grande, presque l'unique affaire de sa vie. Il lut, observa, médita, écrivit infatigablement. On estimait à 240 environ le nombre des volumes qu'il avait produits. D'autre part, son enseignement du Lycée eut une vogue sans précédent, attirant des auditeurs de toutes

1. Diog. L. V, 38 ; Suid., *s. v.* ; Strabon, XIII, 2, 4.

les parties du monde grec : il eut, dit-on, jusqu'à deux mille disciples[1]. Sa renommée lui valut d'illustres relations avec les rois et les princes de ce temps, Cassandre, roi de Macédoine, Ptolémée Ier Sôter, roi d'Égypte, Démétrios de Phalère, son ancien élève, qui fut pendant dix ans gouverneur d'Athènes au nom de la Macédoine. Dans l'ensemble, son existence s'écoula paisible et heureuse. Deux accidents seulement en troublèrent, de façon passagère, la quiétude. Il fut inculpé d'impiété par un certain Hagnonidès, pour avoir professé cette maxime que « la Fortune est reine du monde »[2] ; mais l'accusateur n'obtint même pas de se faire écouter. Une autre épreuve plus sensible l'attendait. En 318, un décret, voté sur la proposition de Sophoclès, ayant défendu aux philosophes de tenir école dans Athènes, Théophraste s'exila. Mais, dès l'année suivante, l'interdiction fut rapportée, et Théophraste rentra dans Athènes au milieu des acclamations de ses admirateurs, et reprit la direction de l'école péripatéticienne. Au reste, l'équilibre et la sérénité naturelle de son âme semblent n'avoir pas peu contribué à sa félicité. Il s'était par système dérobé aux devoirs et aux charges du mariage[3]. Connut-il les orages de la passion ? « L'amour, a-t-il dit spirituellement, est la maladie d'une âme désœuvrée »[4]. On peut donc croire que, dans une vie aussi occupée que fut la sienne, l'amour a tenu peu de place. Fort honnête homme, il ne paraît pas cependant avoir pratiqué une morale ascétique ni intransigeante. Tout en professant que la vertu vaut d'être recherchée pour elle-même, il admettait la nécessité, pour être heureux, d'y joindre les biens extérieurs. On rapporte qu'il

1. Parmi lesquels Diogène (V, 36) cite Ménandre.
2. Cicéron, *Tuscul.* V, 9.
3. St Jérôme, *Adv. Jovin.* I, 47.
4. Frag. 114 (éd. Wimmer).

prenait grand soin de sa tenue, qu'il aimait la société des personnes élégantes et bien mises, qu'il appréciait une table somptueuse[1]. Par ailleurs, Théophraste fut, nous dit son biographe, zélé à faire le bien. Son testament, qui nous a été conservé[2], atteste une rare délicatesse de sentiments, tant à l'égard de son maître Aristote, dont il demande que l'image soit placée dans une chapelle du Lycée, que de ses disciples, entre lesquels il distribue ses biens, et de ses esclaves mêmes, à qui il accorde ou promet, en récompense de leurs services, l'affranchissement et un pécule. Dans ce testament, il exprimait aussi le désir d'être inhumé dans le jardin du Lycée, proscrivant toute pompe superflue, soit pour ses funérailles, soit pour son tombeau. Il léguait en commun à ses disciples la propriété du jardin du Lycée, où Aristote et lui-même avaient professé, et qu'il avait acquis de ses ressources personnelles[3]. Ainsi fut constitué le siège officiel de l'École péripatéticienne, où elle demeura fixée durant plusieurs siècles. Théophraste s'éteignit, chargé de jours et de gloire, à l'âge de 85 ans, d'après l'estimation la plus modérée et la plus vraisemblable[4]; selon d'autres traditions, mais qui semblent romanesques, il aurait atteint 99[5] ou même 107 ans[6]. Jusqu'à la fin, il avait travaillé sans relâche ; mais s'étant accordé congé à l'occasion des noces de l'un de ses disciples, ses forces détendues défaillirent soudain, et il trépassa[7]. Quelques-unes des paroles qu'il avait prononcées sur son lit de mort avaient

1. Athénée, I, 21 A-B ; Cic., *Tusc.* V, 9 ; *Acad. quaest.* I, 9 ; *De offic.* II, 16.
2. Diog. L. V, 51-57.
3. Diog. L. V, 39 et 52 ; Athén. V, 186 A.
4. Diog. L. V, 40.
5. Théophraste, *Caract.* [préface], 2.
6. St Jérôme, Ep. II, *Ad Nepotian.*
7. Diog. L. V, 40 ; Suid. *s. v.*

été recueillies : elles méritent d'être citées. Elles sont empreintes de mélancolie et de désenchantement. Il y déplorait le vide de cette gloire littéraire, qui avait été l'aimant de toute sa vie[1]. Il s'y plaignait, lui quasi-centenaire, de la brièveté humaine, qui le condamnait impitoyablement à disparaître, au moment même où il commençait de savoir quelque chose[2]. Il accusait de sottise et d'injustice la Nature, qui prodigue à des animaux sans raison, aux cerfs et aux corneilles, des années dont ils ne sauraient rien faire d'utile, et qui a borné si jalousement celles des hommes[3]. Une plus longue existence eût permis à l'humanité de porter à leur perfection toutes les sciences, et ainsi la civilisation, par une marche progressive, eût atteint son achèvement. Dans cette dernière pensée, notons en passant comme l'antithèse de la page célèbre de Pascal sur les générations humaines, considérées comme « un même homme qui subsiste toujours et apprend continuellement ». Mais surtout il faut admirer ces nobles et émouvants regrets d'un mourant, qui s'adressent uniquement aux pures et immatérielles satisfactions de l'intelligence. On y reconnaît le disciple d'Aristote, qui avait dit que le seul plaisir dont on ne se lasse pas est celui de comprendre.

Œuvres. Diogène Laerce nous a transmis la liste des écrits que l'antiquité attribuait à Théophraste. A la seule lecture, on est frappé de sa concordance générale avec celle des ouvrages d'Aristote. L'érudition de Théophraste, en effet, fut encyclopédique, comme celle de son maître. Elle embrasse, en le débordant même sur certains points, tout le champ

1. Diog. L. V, 41.
2. St Jérôme, *l. l.*
3. Cic., *Tusc.* III, 28.

d'études qu'avait exploré Aristote, et qui devait rester, par la suite, le domaine propre de l'École péripatéticienne. Métaphysique, morale, politique, législation, logique, psychologie, rhétorique, poétique, physique, zoologie, botanique, histoire des sciences et de la philosophie y étaient représentées. Il convient de dire toutefois qu'en aucune de ces études Théophraste ne semble avoir fait vraiment œuvre créatrice. En revenant sur les matières déjà traitées par son maître, il se donna surtout pour tâche de les éclaircir, de les compléter, tant par ses propres recherches que par ses lectures et par ses informations. Dans cette tâche, il déploya un savoir extraordinairement vaste, mis encore en valeur par l'ordre, la lucidité, l'agrément de l'exposition. Entre ses ouvrages disparus, le plus regrettable peut-être est son grand traité *Des Lois*, en 24 livres [1]. D'autres traités, d'ordre littéraire, auraient également pour nous un vif intérêt : *Sur les proverbes, Sur le ridicule, Sur la comédie, Sur le style, Sur la poésie, Sur Eschyle*, etc. La curiosité de Théophraste fut d'ailleurs universelle et insatiable ; les problèmes les plus divers — quelques-uns même nous semblent presque futiles — avaient captivé son attention : c'est ainsi qu'il avait écrit sur les vents, le feu, les pierres, le miel, les signes du beau temps, de la pluie et de la tempête, les odeurs, la sueur, le vertige, la fatigue, le relâchement des nerfs, la défaillance, les poissons qui peuvent vivre hors de l'eau, les animaux qui changent de couleur, ceux qui naissent subitement, ceux qui sont sujets à la jalousie, etc., etc.

De cette œuvre immense, il ne subsiste plus aujourd'hui, outre des fragments, à la vérité assez nombreux

1. Cic., *De finib.* V, 4, 2 : « Omnium fere civitatum non Graeciae solum, sed barbariae ab Aristotele mores, instituta, disciplinas, a Theophrasto leges etiam cognovimus ». Cf. R. Dareste, *Le Traité des Lois de Théophraste*, 1870.

et étendus (les plus importants ont trait à la métaphysique et aux sensations), que deux ouvrages complets, les *Recherches sur les plantes* (en 9 livres) et les *Causes des plantes* (en 6 livres), et l'opuscule célèbre, intitulé *Caractères*. Les deux premiers ouvrages, par leur objet scientifique, se rangent en dehors de la littérature proprement dite. A peine est-il besoin d'ajouter que, même du point de vue scientifique, ils sont aujourd'hui périmés et n'offrent plus guère d'intérêt que pour l'histoire de la botanique. Et ainsi, par l'injure des temps, le polygraphe universel qu'avait été, en réalité, Théophraste, n'est plus connu de la postérité que comme l'auteur du petit livre des *Caractères*[1].

Les Caractères. Cet ouvrage, par sa forme si particulière, est sans précédent dans la littérature grecque. Aussi son origine, sa nature ont-elles vivement intrigué la science moderne. Est-ce une sorte d'anthologie, faite d'extraits empruntés à l'un des ouvrages de rhétorique de Théophraste, ou à l'un de ses ouvrages de morale, ou encore à son traité *Sur la comédie* ? Ou bien serait-ce une collection *hypomnématique*, c'est-à-dire une simple collection de documents et de matériaux, rassemblés en quelque sorte à pied d'œuvre par l'auteur pour être utilisés éventuellement dans un de ses grands traités de morale ? Ou bien faut-il y voir un choix de *modèles* descriptifs, à l'usage des disciples qui suivaient les cours de rhétorique de Théophraste et proposés à leur imitation ? De ces diverses théories, qui ont chacune trouvé des défenseurs, aucune, à vrai dire, ne nous paraît satisfaisante[2]. C'est à un recueil parallèle, celui du péripatéticien Ariston (fin du IIIe siècle av. J.-C.), qu'il

1. Voir plus bas l'histoire (p. 22 sqq.) des manuscrits de Théophraste, après sa mort.

2. Pour plus de détails, voy. mon *Commentaire*, Introd., p. VII-XII.

convient, croyons-nous, de demander la clef du problème. Par la composition, le style, les procédés, et jusque dans les plus menus détails de forme, les *Charactérismoi* d'Ariston [1] sont un plagiat servile, disons mieux, un décalque de la manière de Théophraste [2]. Seulement — et en cela réside l'intérêt de ce rapprochement — chez Ariston, les caractères ne sont point un écrit indépendant : ils constituent la fin d'un traité de morale Περὶ τοῦ κουφίζειν ὑπερηφανίας. Après un exposé dogmatique des moyens de combattre l'orgueil, l'auteur décrit, pour terminer, plusieurs types d'orgueilleux : l'αὐθάδης l'αὐθέκαστος, le παντειδήμων, l'εἴρων, etc. N'est-il pas dès lors naturel de penser que, dans cette disposition même, comme en tout le reste, Ariston n'avait fait que suivre l'exemple de Théophraste? En sorte que le recueil de Théophraste n'aurait été, à l'origine, lui aussi, qu'une galerie de portraits, servant de conclusion et d'illustration concrète à un traité de morale théorique. Et, dans ces conditions, on conçoit aisément que, n'ayant avec le traité lui-même qu'un lien artificiel et fragile, ces morceaux en aient été de bonne heure séparés.

Le nom de Théophraste en France est devenu inséparable de celui de La Bruyère, qui l'a imité et infiniment surpassé. Il ne faudrait pas cependant que cette comparaison accablante nous fît méconnaître les mérites propres de son devancier grec [3]. Dans un champ d'observation, à la vérité incomparablement moins étendu (puisqu'il ne s'agit que de quelques-uns des vices et des travers géné-

1. Cités par Philodème. Voy. *Philodemi* Περὶ κακιῶν *liber decimus*, ed. Chr. Jensen, Teubner, Leipzig, 1911.

2. M. Rostagni (*Rivista di filologia class.* XLVIII (1920), p. 417 sqq.), objecte, il est vrai, que l'auteur des *Characterismoi* pourrait être un autre Ariston, stoïco-cynique, de Chios (Diog. Laerce VII, 163). Mais voy. plus bas, p. 22, n. 2.

3. Voy. *Revue des ét. grecques* XXVII (1914), p. 384 sqq.

raux de l'humanité), Théophraste se révèle, lui aussi, un observateur avisé et sagace de la nature humaine. Il a eu à un rare degré le don de la vision concrète : toutes les singularités extérieures qu'il a enregistrées, et c'est par centaines qu'on les compte, ont une saveur franche de réalité vue et entendue. En outre, il a su, avec une pénétration psychologique peu commune, classer toutes ces manifestations, relier chacune d'elles à son mobile, souvent insoupçonné de l'acteur même, et par là découvrir, sous l'homme extérieur, l'homme intérieur qu'on ne voit pas. Quant à la composition des *Caractères,* rien, il faut l'avouer, de plus monotone au premier abord : elle se répète, sans variation aucune, dans les trente morceaux du recueil. Mais remarquons que cette uniformité est systématique, *scientifique* même en quelque sorte. On peut la comparer à celle des démonstrations géométriques, où des formules identiques reviennent, autant de fois que besoin est, et qui ne manquent pas pour cela cependant d'une certaine sorte d'élégance, de cette élégance spéciale qui réside dans la justesse, la netteté, l'adaptation stricte à l'objet. Le style est à l'avenant. Il a pour caractères propres une simplicité presque nue, partout relevée cependant de naturel, d'aisance et de lucidité, mais aussi — c'est là son charme principal — une ironie qui court, presque imperceptible, à fleur de texte, pareille à un sourire contenu, sur les lèvres d'un observateur malicieux.

II

HISTOIRE DU TEXTE

Jusqu'à la Renaissance.

La date où furent composés les *Caractères* se déduit de manière assez précise de quelques allusions historiques, contenues dans le texte. Les caractères VIII et XXIII, en particulier, ont été écrits, ainsi que l'a démontré C. Cichorius[1], à peu près sûrement en 319 av. J.-C. C'est donc, sinon en cette année-là (car la nature fragmentaire de l'ouvrage autorise à croire qu'il n'a pas été rédigé d'un seul trait), du moins dans les années avoisinantes, qu'a été composé le recueil des *Caractères*.

Quel fut le destin des *Caractères* après la mort de leur auteur ? Probablement, ils étaient du nombre de ces manuscrits d'Aristote et de Théophraste, qui restèrent inédits jusqu'à la fin du IIe siècle av. J.-C.[2]. Héritier des manuscrits d'Aristote, Théophraste les avait, nous rapporte Strabon[3], légués à son tour, avec ses manuscrits personnels, à son élève préféré Néleus, qui, regagnant plus tard, sa ville natale, Skepsis en Mysie, les y emporta. Au décès de Néleus, ce double héritage littéraire passa à ses descendants. C'était le temps où les rois de Pergame faisaient rechercher par tout le monde grec des livres pour leur bibliothèque, rivale de celle d'Alexandrie. Les héritiers de Néleus, craignant donc pour leur précieux dépôt, le cachèrent dans une cave. Mais il y demeura ensuite oublié et devint peu à peu la proie de l'humidité et des vers. A la fin du IIe siècle av. J.-C., ce qui en restait fut acheté à grands frais par Apellicon de Téos, « plus

1. *Theophrasts Charaktere*, herausgegeben... von der philologischen Gesellschaft zu Leipzig, Leipzig, Teubner, 1897 ; *Einleitung*, p. LVII-LXII.

2. Non pas cependant que leur souvenir se fût perdu dans l'école péripatéticienne ; les auditeurs de Théophraste en avaient certainement conservé et propagé des copies. Et c'est même, de toute évidence, au succès du livre, premier du genre, qu'est due toute une floraison ultérieure d'écrits péripatéticiens sur le même sujet. Après Théophraste, les *Caractères* devinrent en effet dans cette école un véritable genre littéraire, cultivé successivement par Lycon, qui fut scolarque de 270 à 236 environ, puis par Ariston, qui appartient, croit-on, à la génération suivante, et au IIe siècle par Satyros, autre péripatéticien.

3. Strabon XIII, 54. Cf. Plutarq., *Sylla*, 26.

bibliophile que philosophe », qui en fit une copie, malheureusement très défectueuse : lectures erronées, suppléments malencontreux destinés à réparer les injures du temps y abondaient. Cette copie avait été déposée à Athènes. Sylla, lors de la prise de cette ville (87 av. J.-C.), s'en empara et la fit transporter à Rome, où le grammairien Tyrannion, fervent aristotélicien, put, grâce à la complicité du bibliothécaire, en prendre connaissance. Dès lors, les éditions de Théophraste se multiplièrent, mais exécutées hâtivement, et parfois même, nous assure Strabon, non collationnées. La plus célèbre de ces éditions, et qui resta classique, fut celle d'Andronicos de Rhodes. Telle fut, en résumé, la destinée commune des écrits *ésotériques* d'Aristote et de Théophraste. Nul doute que, pour l'un comme pour l'autre écrivain, ce ne soit au mauvais état et au désordre dans lequel leurs manuscrits furent trouvés par les premiers éditeurs anciens, qu'il faille attribuer tant de passages corrompus et bon nombre aussi de transpositions manifestes. Chez Aristote, ces transpositions abondent particulièrement dans la *Politique* et dans la *Morale à Nicomaque*[1]. Mais il y en a de non moins évidentes dans les *Caractères* de Théophraste, et qui proviennent vraisemblablement de la même cause matérielle. Telle est l'interversion qui gâte le car. V ; telle, une autre qu'on constate à la fin du car. XIX, 7-11. Et, selon toute apparence, c'est aussi la raison qui explique la répétition littérale d'une trentaine de lignes dans les deux chapitres XI, fin et XXX, 5-16.

Probablement, c'est à l'édition d'Andronicos que le philosophe épicurien Philodème, qui vivait à Rome au temps de Cicéron, avait emprunté la citation in extenso

1. Voy. éd. Susemihl, préfaces.

du car. V (ἀρεσκείας), qu'il a inséré dans son traité Περὶ κακιῶν, dont les papyrus d'Herculanum nous ont rendu des fragments étendus [1].

A l'époque chrétienne, lorsque sévit sur presque tous les auteurs de l'antiquité classique la manie des abrégés, les *Caractères* de Théophraste n'échappèrent pas à ce dépècement. Les papyrus d'Oxyrhynchus nous ont conservé deux brefs fragments d'un épitomé de ce genre (XXV, 6 et XXVI, 1) [2].

Nous arrivons à Diogène Laerce (IIIe siècle ap. J.-C.), qui, dans le catalogue des œuvres de Théophraste, mentionne à deux reprises les ἠθικοὶ χαρακτῆρες α′ et les χαρακτῆρες ἠθικοί [3].

Il n'est pas douteux que les *Caractères* ne soient restés en grande faveur dans les premiers siècles de l'époque byzantine. C'est de ce temps que datent un certain nombre d'additions apocryphes : la préface niaise [4] et les clausules moralisantes des chapitres I, II, III, VI, VIII, XXVII, XXIX [5]. L'esprit général, ainsi que le style de ces morceaux invitent à en placer la composition aux environs du VIe siècle après J.-C.

Pendant tout le Moyen âge, les *Caractères* continuèrent à être copiés et étudiés. Car, tandis que nos plus anciens manuscrits remontent au Xe siècle, les plus récents sont contemporains de la Renaissance et des débuts de l'imprimerie.

1. Voy. p. 20, n. 1.

2. *Oxyrh. Papyri* IV, 699, c, 25 extr. Voy, la présente édition, not. critiq. ad h. ll.

3. V, 47 et 48.

4. Le premier savant qui ait vu l'inauthenticité de cette préface est C.-G. Sonntag, *Dissert. in prooemium Charact. Theophrasti*, Leipzig, 1787. Cf. mon *Commentaire*, p. XX-XXIII, et p. 39, n. 1 de cette édition.

5. H. Diels, éd. des *Caractères*, Oxford, 1909, préf. p. VII et XXVIII.

Depuis la Renaissance.

L'édition princeps moderne des *Caractères,* accompagnée d'une traduction latine, fut publiée en 1527 à Nuremberg par W. Pirckheymer, qui l'avait dédiée à Albert Dürer. Elle ne comprenait que les quinze premiers chapitres et se fondait sur un ms. procuré par Pic de la Mirandole. Un quart de siècle après (1552), parut à Venise une édition plus complète, renfermant les vingt-trois premiers caractères. Elle était due à J.-B. Camozzi (en latin Camotius), qui l'avait insérée, avec d'autres traités de Théophraste, dans un corpus des œuvres d'Aristote (tome VI). Ensuite vinrent, d'abord la première édition de Casaubon (1592), qui ne contenait encore, elle aussi, que vingt-trois morceaux, puis une seconde édition (1599), augmentée de cinq autres, provenant d'un ms. de la Bibliothèque palatine de Heidelberg. Dès cette époque on savait que les vingt-huit chapitres retrouvés ne constituaient pas tout l'opuscule de Théophraste. Dans certains mss. en effet la table des matières énumérait trente titres. Les deux numéros manquants (XXIX-XXX) ne furent livrés au public qu'environ deux siècles plus tard, en 1786, à Parme, par J.-C. Amaduzzi (Amadutius), qui les avait tirés d'un ms. de la Bibliothèque vaticane. C'est le fameux *Vaticanus* 110, source principale pour les caractères XVI-XXX. A un autre point de vue encore, la découverte de ce codex fut une date marquante dans l'histoire du texte des *Caractères.* Outre les deux chapitres entièrement nouveaux qu'il révélait, il apportait aussi, dans les treize autres, des suppléments nombreux et importants, qu'on put lire pour la première fois dans la copie de ce ms. donnée en 1788 par Siebenkees. Au sujet de ces suppléments, qui ne se trouvent dans aucun des autres mss., une vive polémique aussitôt s'éleva. Étaient-ce des parties primitives de l'ouvrage, ou des additions apocryphes ? A peu près seul, J.-G. Schneider (1779) adopta la première opinion. La seconde prévalut auprès de la plupart des savants : Coraï (1799), Ast (1816), Hottinger (1821), Thiersch (1822), Sheppard (1852), etc. A l'appui de la thèse sceptique, Thiersch invoquait, chose singulière, le témoignage de l'abrégé de Munich (*Epitome monacensis*), que venait de rendre au jour Wurm, et qui contient les vingt et un premiers chapitres, mais sous une forme extrêmement écourtée. Il affirmait que, dans cet abrégé informe, nous possédions la version originale des *Caractères*[1], amplifiée et gâtée par la suite dans tous les autres mss. Trois dissertations, publiées successivement de 1834 à 1836 par Foss[2], mirent fin à ce lourd paradoxe ; et, incontestés depuis lors, les suppléments du *Vaticanus* ont pris, dans toutes les éditions, la place à laquelle ils ont droit.

Le texte des *Caractères* était désormais complet ; mais il restait beaucoup à faire pour lui rendre sa pureté. Les premières éditions, celles de Pirkheymer, de Camozzi, de Casaubon avaient été faites d'après des mss. médiocres, de date récente (xvie-xve siècles), qui restèrent d'ailleurs le fondement de toutes les suivantes, jusqu'à celle de Pierre Needham (Cambridge, 1712). La nouveauté de cette dernière résidait dans la primauté qu'elle attribuait aux deux mss. A et B, collationnés pour elle, mais malheureusement avec peu d'exactitude, par un érudit parisien, Guillaume Leclerc. Les collations ultérieures de Dübner (1841)[3], de Cobet (1874)[4], tout en marquant

1. Ou, du moins, de la préface et des cinq premiers caractères.

2. Foss, *De Theophrasti notat. morum commentationes* I, II, III (Progr. de Friedland, 1834, 1835, 1836), IV (Progr. d'Altenburg, 1861).

3. Edit. des *Caractères* (avec Marc Aurèle, etc.), Paris, Didot, 1841, praef. p. III sq.

4. *Mnemosyne*, nov. ser., II, 1874, p. 34-72

un grand progrès, pèchent cependant encore par des omissions et des erreurs. En 1883, H. Diels, dans ses *Theophrastea*[1], inséra, d'après une revision personnelle, un tableau intégral des divergences entre A et B. Le texte publié en 1897 par la Société philologique de Leipzig repose aussi sur une collation originale de ces mss., œuvre de Ribbeck[2]. Enfin H. Diels, pour son édition d'Oxford (1909)[3], a recensé une fois de plus AB, en s'aidant de reproductions photographiques, et il a sur plus d'un point amendé les leçons des éditeurs de Leipzig. En ce qui concerne donc les deux mss. parisiens, source capitale de nos quinze premiers chapitres, il semble que la paléographie ait dit son dernier mot[4].

Nous avons vu que le *Vaticanus*, base des quinze derniers chapitres, avait été transcrit pour la première fois en 1788 par Siebenkees. Cette copie prit place dans les *Anecdota graeca* (p. 105 sqq.), préparés par ce savant, mais publiés après sa mort par J. Goez en 1798. La même année, celui-ci fit en outre paraître une édition à part des *Caractères* de Théophraste, où il utilisait pour les chapitres XVI-XXX le *Vaticanus*. Mais la lecture de Siebenkees était fort défectueuse. Deux recensions plus récentes du *Vaticanus*, celle de Badham (1843), utilisée dans leurs éditions par Sheppard (1852), Foss (1858), Petersen (1859), et celle de Cobet (publiée en 1859)[5] améliorèrent le texte, mais sans atteindre encore une correction absolue. Les éditeurs de Leipzig (1897) ont eu à leur disposition une recension nouvelle de G. Löwe, revue en quelques endroits par O. Crusius[6]. Enfin H. Diels, comme il

1. Progr. gymn. Berlin, n° 64, 1883.
2. *Einleitung*, p. XIX.
3. *Préface*, p. XXVIII.
4. Voyez cependant plus haut, p. 11.
5. *Mnemosyne*, VIII, p. 310 sqq.
6. *Einleitung*, p. XXVI.

l'avait fait pour les deux *Parisini,* a aussi revisé personnellement, à l'aide d'un fac-similé photographique, le *Vaticanus,* où il a trouvé encore à glaner quelques leçons inédites.

En résumé, le texte des *Caractères* semble, à l'heure actuelle, avoir acquis tout le degré de correction qu'on peut attendre de la tradition manuscrite. Il n'en reste pas moins que cette tradition, même en ABV, est extraordinairement vicieuse. Au jugement de Cobet, nul texte antique ne nous est parvenu en un aussi lamentable état que les *Caractères* de Théophraste.

III

LES MANUSCRITS ET LE TEXTE DE CETTE EDITION

Classement des mss.

Les mss. connus des *Caractères* sont au nombre d'une soixantaine [1]. Mais la précellence de trois d'entre eux est unanimement proclamée. Ce sont, d'une part, les deux *Parisini* de la Bibliothèque nationale de Paris, n°s 2977 et 1983, qu'on désigne par les lettres A et B ; ils datent, l'un du xe ou xie siècle, l'autre du xe, et contiennent les quinze premiers chapitres. Et, d'autre part, le *Vaticanus* de la Bibliothèque du Vatican, n° 110, du xiiie siècle, désigné par la lettre V ; il contient les chapitres xvi-xxx, et c'est le seul où se lisent les deux derniers. Mais, au-dessous d'eux, restent trois familles, assez mal connues encore, et dénommées C, D, E, qui nous transmettent respectivement les quinze, vingt-trois et vingt-huit premiers chapitres. Enfin il faut mentionner à part un ms., unique de son espèce, qui renferme les vingt et un premiers chapitres, mais sous une forme très écourtée et, en

1. Ils sont énumérés et sommairement décrits par O. Immisch, dans l'éd. de Leipzig, *Einleitung*, p. viii sqq.

quelque sorte, squelettique : il est appelé communément *Epitome monacensis* (M). Sur les rapports de parenté de M et des familles CDE avec ABV, l'accord entre les critiques n'est pas fait encore.

En 1874, Cobet formulait, sur la valeur comparée des mss. des *Caractères*, cette sentence catégorique : « *omne emendandi praesidium et fundamentum in capitibus XV prioribus esse in duobus codicibus Parisinis* (= AB) ; *in posterioribus capitibus crisin pendere totam a Palatino-Vaticano* (= V) ; *reliquos autem libros ad unum omnes flocci non esse faciendos et criticam rem impedire tantum et quisquiliis nihil profuturis onerare*[1]. » Dans ses *Theophrastea* (1883), H. Diels a souscrit sans réserve à ce jugement[2]. Selon lui, l'archétype de nos mss. AB est un exemplaire contenant les trente caractères, mais qu'un accident avait séparé en deux tronçons, l'un comprenant les car. I-XV, l'autre les car. XVI-XXX. Du premier cahier sont issus, aux xe-xie siècles, A et B ; du second, au xiiie siècle, V. Quant au reste des mss., ce sont tous sans exception des copies de ABV. De B, corrigé quelquefois au moyen de A, est sorti d'abord le groupe E. A son tour, V a donné naissance à deux épitomés, inégalement abrégés. La réunion de E avec le plus développé de ces épitomés a formé l'original, dont M est un résumé. La réunion de E avec l'autre épitomé a constitué les groupes CD. Au total donc, aucun secours, aucune leçon originale à chercher en dehors d'ABV.

Fort différentes sont les conclusions d'O. Immisch, dans son introduction à l'édition de Leipzig (1897)[3]. Tous nos mss., à son avis, dérivent d'un même archétype, qu'il appelle X ; mais V seul en provient directe-

1. *Mnemosyne*, nov. ser. II (1874), p. 34.
2. P. 11.
3. Voy. p. xliii le stemma généalogique qu'il propose.

ment. Après V, le ms. qui se rapproche le plus de la source est l'*Epitome monacensis* ; il se rattache à un exemplaire (X^1), qui ne différait de l'archétype que par le déplacement accidentel d'un feuillet, transporté du car. XXX à la fin du car. XI. Du même exemplaire X^1 fut tiré un abrége Y : c'est de lui que dérivent, sans exception aucune, tous nos autres mss. En sorte que les groupes CDE sont, non pas des fils, mais des frères de AB. Quoique de moindre valeur, ils représentent cependant une tradition indépendante ; et, par conséquent, il y a chance que s'y soient conservées occasionnellement quelques leçons originales, altérées dans AB.

C'est à la thèse de H. Diels que je me rallie. A mon avis, CDEM — même si l'on admet, comme je l'ai fait p. 9, certaines corrections de détail, puisées peut-être à d'autres originaux — sont incontestablement, dans leur teneur générale, des *apographa* de ABV. Aussi bien, ce savant, dans la préface de son édition d'Oxford (1909), a produit un argument nouveau qui me paraît trancher le débat. Dans le car. III, 4, la leçon de AB est : εἰ ποιήσειεν ὁ Ζεὺς ὕδωρ πλεῖον, τὰ ἐν τῇ γῇ βελτίω ἔσεσθαι. Toutefois, dans B, l'adjectif πλεῖον, d'abord omis, n'a été rétabli qu'après coup. Et, ajouté au bas d'une page, à demi caché dans la marge interne, obscurci par les doigts des lecteurs, ce mot est à peine perceptible : à telles enseignes que Cobet lui-même, dans sa recension de B, ne l'a pas vu. Pour les mêmes raisons, il ne se trouve pas davantage dans la plupart des mss. secondaires CDE. Preuve matérielle et décisive que ceux-ci dérivent de B.

Comment a été établi le texte de cette édition.

En conséquence, le texte de cette seconde édition des *Caractères* repose *essentiellement* sur ABV. Toutefois il n'en dépend pas *exclusivement*, comme celui de l'édition précédente. Pourquoi cette différence ? C'est que, instruit par le témoignage des papyrus, je ne considère plus aujourd'hui comme totalement négligeables les leçons de CDEM. Je crois que certaines peuvent provenir d'une source antique. Par quelle voie, il est malaisé de le dire avec exactitude. J'ai émis plus haut une hypothèse à ce sujet[1]. Quoi qu'il en soit, ma position personnelle, comme éditeur des *Caractères*, peut actuellement être définie ainsi. Sur le principe même, c'est-à-dire sur la primauté de ABV par rapport à CDEM, je reste fidèle à la thèse de H. Diels. Mais, en ce qui regarde la méthode pratique à suivre pour l'établissement du texte, je me sépare de ce savant, ainsi que de Cobet. Par un biais imprévu, je suis amené à me rapprocher plutôt sur ce terrain des éditeurs de Leipzig. Comme eux, en effet, je pratique l'éclectisme. Avec beaucoup de discrétion, cependant. Car je n'ai recours aux mss. inférieurs que dans les cas tout à fait exceptionnels où, ABV étant incontestablement fautifs, ils ne se bornent pas (comme c'est l'ordinaire) à répéter la faute, mais nous en offrent un remède acceptable.

Même ainsi amendé en quelques endroits au moyen des mss. inférieurs[2], le texte de ABV ne saurait cependant être proposé tel quel aux lecteurs : les fautes grossières y fourmillent, lacunes, altérations, transpositions. Voici comment, dans ces conditions, j'ai compris ma tâche. En principe, ma critique est résolument conservatrice, j'entends que, partout où les lois de la grammaire, de l'usage, du bons sens sont respectées, je m'interdis les changements arbitraires. En revanche, là où il y a faute sûrement constatée, je ne professe point la religion de l'apocryphe. Je suis même allé plus loin dans les *athétèses*

1. Voy. *Avertissement*, p. 8.

2. Pour le caractère V, nous avons utilisé en outre le papyrus d'Herculanum, cité plus haut, p. 23-24.

que H. Diels et surtout que les éditeurs de Leipzig, qui, bien moins à la vérité que leurs prédécesseurs, mais trop fréquemment encore, s'évertuent à expliquer l'inexplicable. C'est ainsi, par exemple, qu'en fait de vocabulaire et de syntaxe, tout ce qui, manifestement, heurte l'usage personnel de Théophraste (lequel nous est connu par ses autres ouvrages) m'a paru devoir être résolument condamné. Mais, en présence d'un passage corrompu, quelle doit être l'attitude de l'éditeur ? Il serait sans doute commode, sous couleur d'objectivité scientifique, de signaler simplement la faute, en s'abstenant systématiquement de toute correction. Mais, à procéder ainsi, on duperait le lecteur, qui se trouverait devant un texte rebutant, tranchons le mot, illisible. Comme la plupart de mes prédécesseurs, j'ai donc essayé de ramener à leur intégrité les passages corrompus. Tâche infiniment délicate, mais pour laquelle les secours, à la vérité, ne manquent pas. Telle est la masse de conjectures accumulées par les éditeurs de Théophraste, depuis Isaac Casaubon jusqu'à nos jours, que l'éditeur moderne a surtout l'embarras du choix. Mais cet embarras est grand. Chaque choix particulier (et il y en a plusieurs centaines) est un petit problème qui exige réflexion, prudence, discernement. Je me suis efforcé, dans chaque cas, de n'opter que pour la lecture la plus vraisemblable, tant au point de vue de la graphie que du sens. Au reste, les hypothèses d'autrui ne m'ont pas toujours satisfait. En une quarantaine d'endroits, j'ai inséré des conjectures personnelles[1]. Le coefficient de probabilité de ces diverses corrections est naturellement fort variable. Certaines, mais c'est le petit nombre, atteignent la quasi certitude ; elles peuvent être qualifiées de *palmaires*. D'autres ne

1. Voir mon article : *Theophrastea, quelques conjectures sur le texte des* Caractères (*Rev. des études anc.*, t. XX, 1918, p. 213 sqq.).

sont que plausibles : elles font l'office de ces restaurations discrètes qui, dans un édifice défiguré par le temps, rétablissent la physionomie d'ensemble. D'autres ont moins de prétention encore ; ce ne sont que des étais grossiers et provisoires[1]. Restent enfin une dizaine de passages, *loci desperatissimi,* pour lesquels je n'ai trouvé, ni de mon crû, ni chez mes prédécesseurs, de remède efficace : je les publie sans changement, me bornant, par une série de points ou par une croix, à signaler la lacune ou l'altération.

Il va sans dire que toutes les modifications que j'ai cru devoir apporter au texte d'ABV sont expressément notées dans l'apparat critique de cette édition. Cet apparat, j'ai le devoir de le déclarer immédiatement, est emprunté à H. Diels, dont l'édition de 1909 se fonde sur une recension personnelle et scrupuleuse d'ABV. Toutefois, je ne l'ai pas reproduit intégralement : j'ai choisi et abrégé. En particulier, j'ai de parti pris éliminé toutes les variantes futiles et, par là même, encombrantes : fautes matérielles qui se corrigent d'elles-mêmes, inadvertances orthographiques, erreurs ou omissions d'accents, etc., etc.

IV

TRADUCTION ET COMMENTAIRE

Conformément au plan de la collection à laquelle

1. De ce nombre, entre autres, est la lecture admise IV, 9 : κᾆτ' ἀλέσαι Casaubon (χᾶτ' ἀλέσας AB). Elle ne me satisfait point. Immisch (éd. 1923) suggère καταλίσας (cf. Moeris, ἀλίσας 'Αττικοί, κονίσας ἢ κυλίσας Ἕλληνες), et interprète : « non sentit in impetu Venereo se humi prosternere una cum ancilla escam et familiae et sibi paratam ». J'incline à croire que tel est, en effet, le vrai sens du passage : les mots καὶ αὐτῷ cessent dès lors d'être un pléonasme sans intérêt et prennent une valeur ironique, qui les justifie (Au lieu de καταλίσας, qui est sans exemple, je proposerais κατακυλίσας : corrompu d'abord en καὶ εἶτ' ἀλέσας, puis en κᾆτ' ἀλέσας).

appartient cette édition de Théophraste, on trouvera jointe au texte grec une traduction nouvelle des *Caractères*. Théophraste a eu le grand honneur, comme on sait, d'être traduit au XVIIe siècle par La Bruyère ; et c'est pourquoi, en France plus que dans tout autre pays, en dehors même du cercle des érudits, son nom et son opuscule sont populaires. Honneur assez onéreux, toutefois. A parler franc, la version de La Bruyère est fort médiocre et défigure fâcheusement l'original. Chose étrange, cet écrivain ailleurs si net, si incisif, si pittoresque, perd ici toutes ces qualités. Rien de plus lâché, de plus traînant que cette traduction : elle émousse tout ce que l'original a de vif, elle s'alourdit de paraphrases vagues, elle charrie même à l'occasion des lambeaux du commentaire de Casaubon. C'est que La Bruyère savait peu de grec, et n'a interprété — le fait est aujourd'hui démontré[1] — l'ouvrage de Théophraste qu'à travers la version latine de Casaubon. Aussi sa traduction a-t-elle plutôt desservi Théophraste auprès du public français, et elle me paraît être la principale cause du peu d'estime que professent trop généralement pour les *Caractères* grecs les lettrés qui ne les ont pas goûtés dans le texte. C'est dire que je n'ai pu faire que peu d'emprunts à mon illustre devancier. Je dois davantage aux interprètes plus récents, français[2], allemands[3], anglais[4], italiens[5]. La traduction des *Caractères* présente, d'ailleurs, des diffi-

1. J. Cazelles, *La Bruyère helléniste* (*Revue des ét. grecq.*, t. XXXV, 1922, p. 180 sqq.).

2. Traductions françaises de Coraï (1799) et de Stiévenart (1842).

3. Edit. et trad. de la *Société philologique de Leipzig*, Leipzig, 1897.

4. Edit. et trad. de Jebb et Sandys, Londres, 1909 (1re éd. par Jebb, 1870).

5. Edit. et trad. de Romizi (Florence, 1899) et de Pasquali (Florence, 1919).

cultés toutes spéciales, dont il faut dire un mot. La principale, c'est le nombre encore considérable des passages où le texte et, par suite, le sens restent mal établis. Une autre difficulté presque invincible tient à la composition extérieure des caractères. Chacun d'eux se ramène ordinairement à une phrase unique, parfois composée de vingt ou même de vingt-cinq propositions infinitives parallèles, dépendantes d'un même relatif (οἷος), et dans chacune desquelles vient s'insérer, sans enchevêtrement ni obscurité, toute une variété d'incidentes [1]. Il est à peu près impossible de transporter en notre français rigide et méthodique une structure si complexe, si sinueuse et si souple. A cela joignez enfin la multiplicité des allusions à la vie antique. J'ai dû parfois éclairer, par un minimum de mots ajoutés, l'obscurité du texte grec. Plus fréquemment, quand cette addition eût dégénéré en paraphrase, j'ai eu recours à une note.

Ma traduction, en effet, est accompagnée d'un petit nombre de notes explicatives. Les savants les jugeront peut-être bien élémentaires. C'est qu'elles ne s'adressent pas à eux : elles sont destinées à cette classe de lecteurs, curieux des choses antiques, mais qui ne se piquent point d'érudition et ont le légitime désir de n'être pas à tout moment arrêtés par des énigmes. Quant aux savants, j'ai publié à leur usage en 1924 un *Commentaire exégétique et critique* des *Caractères* de Théophraste [2], qui est le complément naturel du présent volume, et où sont abordés et, dans la mesure de mes forces, résolus les problèmes de tout genre que soulève le texte des *Caractères*. Dans cet effort, j'ai été aidé d'abord par Isaac Casaubon, dont l'édition, malgré le fatras et l'ivresse d'érudition

1. Cf. mon étude sur *Théophraste et La Bruyère* (*Rev. des ét. grecq.*, t. XXVII, 1914, p. 384-440).

2 *Société d'édition « Les Belles-Lettres »*, Paris.

commune aux philologues de ce temps, est un prodige de savoir et de sagacité, et est restée la base de tous les travaux ultérieurs. Je dois beaucoup également à l'édition de Leipzig, dont le riche commentaire, fruit d'une collaration de plusieurs érudits et archéologues, rassemble, condense et accroît, sur plus d'un point, les résultats antérieurs. Grâce à ces trois publications, texte, traduction et commentaire, j'ose espérer que le lecteur français aura désormais en main les secours indispensables pour comprendre et goûter une des œuvres les plus agréables et les plus spirituelles que nous ait léguées l'antiquité grecque.

O. N.

CARACTÈRES

SIGLES

A = *Parisinus* gr. 2977, du xe ou xie s., contenant les car. I-XV (plus les §§ 6-16 du car. XXX, transcrits par erreur à la fin du car. XI).

B = *Parisinus* gr. 1983, du xe s. (même contenu).

V = *Vaticanus* gr. 110, du xiiie s., contenant les car. XVI-XXX.

recc. = mss. récents des familles CDE (copies des précédents).

M = *Epitome monacensis* gr. 505, du xve s., contenant un abrégé des XXI premiers chapitres.

P = Papyrus d'Herculanum 1457, contenant le car. V(= V et fin de XXI, dans cette édition).

La division du texte en paragraphes est empruntée à l'édition des *Caractères* publiée par la Société philologique de Leipzig, 1897.

CARACTÈRES

[Bien des fois déjà dans le passé, ayant fixé sur ce point ma pensée, je me suis étonné (et c'est un étonnement qui, sans doute, n'est pas près de finir) pourquoi, alors que la Grèce tout entière est située sous le même climat et que tous les Grecs reçoivent une éducation pareille, il se trouve tant de différence dans nos mœurs [1]. [2] Voilà bien longtemps, mon cher Polyclès, que j'observe la nature humaine ; j'ai vécu quatre-vingt dix-neuf ans, et j'ai, en outre, fréquenté nombre de caractères très différents ; après une attentive comparaison des hommes vertueux et des hommes vicieux, j'ai cru devoir décrire la conduite respective que tiennent dans la vie les uns et les autres. [3] Je vais t'exposer, en les rangeant par classes, les différentes sortes de caractères dont ils sont susceptibles et la manière dont ils se gouvernent. Je pense, en effet, mon cher Polyclès, que, grâce à ces notes que je leur léguerai, nos fils deviendront meilleurs, et qu'y trouvant des modèles ils ne voudront plus vivre et fréquenter qu'avec les personnes les plus respectables, afin de ne pas leur être inférieurs. [4] J'arrive maintenant à mon propos : à toi de le suivre et de voir si ce que je dis est juste. Je commencerai

1. Cette préface est indubitablement apocryphe. Le ton, ampoulé et par endroits naïf, est à l'antipode de la manière aisée et unie de Théophraste. De plus, on y est choqué de plusieurs bévues énormes : 1° sur la prétendue uniformité des climats en Grèce ; 2° sur la soi-disant identité de l'instruction que recevaient les peuples grecs ; 3° sur l'âge de Théophraste (selon Diogène Laerce, V, 2, 40, il

ΧΑΡΑΚΤΗΡΕΣ

[Ἤδη μὲν καὶ πρότερον πολλάκις ἐπιστήσας τὴν διάνοιαν ἐθαύμασα, ἴσως δὲ οὐδὲ παύσομαι θαυμάζων, τί γὰρ δήποτε, τῆς Ἑλλάδος ὑπὸ τὸν αὐτὸν ἀέρα κειμένης καὶ πάντων τῶν Ἑλλήνων ὁμοίως παιδευομένων, συμβέβηκεν ἡμῖν οὐ τὴν αὐτὴν τάξιν τῶν τρόπων ἔχειν. [2] Ἐγὼ γάρ, ὦ Πολύκλεις, συνθεωρήσας ἐκ πολλοῦ χρόνου τὴν ἀνθρωπίνην φύσιν καὶ βεβιωκὼς ἔτη ἐνενήκοντα ἐννέα, ἔτι δὲ ὡμιληκὼς πολλαῖς τε καὶ παντοδαπαῖς φύσεσι καὶ παρατεθεαμένος ἐξ ἀκριβείας πολλῆς τούς τε ἀγαθοὺς τῶν ἀνθρώπων καὶ τοὺς φαύλους, ὑπέλαβον δεῖν συγγράψαι ἃ ἑκάτεροι αὐτῶν ἐπιτηδεύουσιν ἐν τῷ βίῳ. [3] Ἐκθήσω δέ σοι κατὰ γένος ὅσα τε τυγχάνει γένη τρόπων τούτοις προσκείμενα καὶ ὃν τρόπον τῇ οἰκονομίᾳ χρῶνται· ὑπολαμβάνω γάρ, ὦ Πολύκλεις, τοὺς υἱεῖς ἡμῶν βελτίους ἔσεσθαι καταλειφθέντων αὐτοῖς ὑπομνημάτων τοιούτων, οἷς παραδείγμασι χρώμενοι αἱρήσονται τοῖς εὐσχημονεστάτοις συνεῖναί τε καὶ ὁμιλεῖν, ὅπως μὴ καταδεέστεροι ὦσιν αὐτῶν. [4] Τρέψομαι δὲ ἤδη ἐπὶ τὸν λόγον· σὸν δὲ παρακολουθῆσαί τε ὀρθῶς καὶ εἰδῆσαι εἰ ὀρθῶς λέγω. Πρῶτον μὲν οὖν ποιήσομαι τὸν λόγον ἀπὸ τῶν τὴν

1 Prologus, ut uidetur, byzantinus || 2 γὰρ uix sanum || 3 τῶν B : om. A || 12 προσκείμενα Stephanus : προκείμενα AB || 19 τὸν λόγον ἀπὸ recc. : om. AB.

par ceux qui pratiquent la dissimulation, me dispensant d'exorde et de tous autres préliminaires. [5] Je parlerai en premier lieu de la dissimulation : je la définirai, puis je décrirai le dissimulé, ce qu'il est et dans quel caractère il se range. Et, pour les autres affections, j'essaierai aussi de les mettre en lumière, conformément à mon plan, classe par classe.]

mourut à 85 ans) ; 4° sur le contenu même des *Caractères*, où il est question uniquement des vices et nulle part des vertus, etc. Voyez à ce sujet mon article, *Rev. des ét. grecq.*, t. XXVII, 1914, p. 386 sqq.

εἰρωνείαν ἐζηλωκότων, ἀφεὶς τὸ προοιμιάζεσθαι καὶ πολλὰ περὶ τοῦ πράγματος λέγειν· [5] καὶ ἄρξομαι πρῶτον ἀπὸ τῆς εἰρωνείας καὶ ὁριοῦμαι αὐτήν, εἶθ' οὕτως τὸν εἴρωνα διέξειμι, ποῖός τίς ἐστι καὶ εἰς τίνα τρόπον κατενήνεκται· καὶ τὰ ἄλλα δὴ τῶν παθημάτων, ὥσπερ ὑπεθέμην, πειράσομαι κατὰ γένος φανερὰ καθιστάναι.]

20 τὴν εἰρωνείαν AB uox dubia (cf. 22) : χείρονα αἵρεσιν vel τὰ χείρονα coni. Bücheler || 21 καὶ om. A || 25 καθιστάναι recc. : καθεστάναι AB.

I

LE DISSIMULÉ

L'εἰρωνεία, prise en un sens général, est une affectation d'humilité dans les actes et dans les paroles [1]. [2] Et voici quelle sorte d'homme est l'εἴρων (le dissimulé) [2]. Il aborde ses ennemis, afin de ne pas laisser paraître qu'il les hait. Il vante, quand elles sont là, les personnes qu'il vient d'attaquer en secret ; et, si elles ont perdu un procès, il leur exprime ses condoléances. Il affecte de ne pas en vouloir à ceux qui l'ont diffamé ; et les propos hostiles dont il est l'objet ne le mettent pas en colère. [3] Avec les gens qui, ayant subi quelque tort, viennent s'en plaindre [3], il garde dans la conversation un ton impassible. Si l'on insiste pour le voir sur l'heure, il fait dire de repasser plus tard. [4] Il ne confie rien de ses affaires et prétend toujours qu'il n'a pas encore pris parti. « Il ne fait, dit-il, qu'arriver ; il était trop tard ; il a été malade. » [5] Aux personnes qui sollicitent un prêt à intérêt ou un prêt d'amitié... [4]. Quand il vend quelque chose sur le marché, il dit qu'il ne vend pas ; et, au contraire, quand il ne vend pas, qu'il vend. Ce qu'il a entendu, il prétend ne l'avoir pas entendu ; ce qu'il a vu, ne l'avoir pas vu ; ou, s'il en convient, il feint du moins de ne pas s'en souvenir. Il répond tantôt

1. Sur le sens exact de cette définition, voy. *Rev. des ét. gr.*, art. cité, p. 404.

2. Le mot « dissimulé » ne rend qu'une partie du terme grec εἴρων. Voy. *ibid.*, p. 405.

3. Dans l'espoir que leur indignation trouvera près de lui un écho.

4. C'est-à-dire sans échéance fixe et sans intérêt. La lacune peut

I

ΕΙΡΩΝΕΙΑΣ

Ἡ μὲν οὖν εἰρωνεία δόξειεν ἂν εἶναι, ὡς τύπῳ λαβεῖν, προσποίησις ἐπὶ τὸ χεῖρον πράξεων καὶ λόγων, [2] ὁ δὲ εἴρων τοιοῦτός τις οἷος προσελθὼν τοῖς ἐχθροῖς ἐθέλειν λαθεῖν ὅτι μισεῖ· καὶ ἐπαινεῖν παρόντας οἷς ἐπέθετο λάθρα, καὶ τούτοις συλλυπεῖσθαι <δίκην> ἡττωμένοις· καὶ συγγνώμην δὲ ἔχειν τοῖς αὐτὸν κακῶς λέγουσι καὶ <μὴ ἄχθεσθαι> ἐπὶ τοῖς καθ' αὑτοῦ λεγομένοις· [3] καὶ πρὸς τοὺς ἀδικουμένους καὶ ἀγανακτοῦντας πράως διαλέγεσθαι· καὶ τοῖς ἐντυγχάνειν κατὰ σπουδὴν βουλομένοις προστάξαι ἐπανελθεῖν· [4] καὶ μηδὲν ὧν πράττει ὁμολογῆσαι, ἀλλὰ φῆσαι βουλεύεσθαι, καὶ προσποιήσασθαι ἄρτι παραγεγονέναι καὶ ὀψὲ γενέσθαι καὶ μαλακισθῆναι· [5] καὶ πρὸς τοὺς δανειζομένους καὶ ἐρανίζοντας...· <καὶ πωλῶν λέγειν> ὡς οὐ πωλεῖ, καὶ μὴ πωλῶν φῆσαι πωλεῖν· καὶ ἀκούσας τι μὴ προσποιεῖσθαι, καὶ ἰδὼν φῆσαι μὴ ἑορακέναι, καὶ ὁμολογήσας μὴ μεμνῆσθαι· καὶ τὰ μὲν σκέψεσθαι φάσκειν, τὰ δὲ οὐκ εἰδέναι, τὰ δὲ

I 2 ὡς τύπῳ B : ἐν τύπῳ A || 3 τὸ recc. : om. AB || 4 τις B : ἐστιν A || 5 λαθεῖν Kayser : λαβεῖν A λαλεῖν B || ὅτι μισεῖ correxi : οὐ μισεῖν AB || 6 δίκην suppleui || 7 αὑτὸν Diels : αὐτὸν AB || μὴ ἄχθεσθαι suppleui || 8 καθ' αὑτοῦ correxi : καθ' ἑαυτοῦ AB || 13 γενέσθαι scripsi : γενέσθαι αὐτὸν AB || 14 Lacunam sensit Salmasius, quam ita fere suppleuerim : λέγειν δοὺς ὅτι λαθεῖν βούλεται || καὶ πωλῶν λέγειν suppl. Foss et alii || 15 φῆσαι Schneider : φήσει AB || 16 φῆσαι recc. : φήσει AB || 17 σκέψεσθαι Casaubonus : σκέψασθαι AB.

qu' « il réfléchira », tantôt qu' « il ne sait pas », tantôt que « cela l'étonne », tantôt qu' « il s'était fait déjà, lui aussi, ce raisonnement ». [6] Bref, c'est un homme qui excelle dans les formules de ce genre : « Je ne suis pas convaincu. — Je ne crois pas. — Tu me vois stupéfait. — D'après ce que tu dis, il aurait bien changé. — A vrai dire, ce n'est pas de cette façon qu'il m'exposait la chose. — Voilà qui me paraît bien invraisemblable. — Va dire cela à un autre. — J'ai peine à ne pas te croire, comme à le mal juger ; tu m'embarrasses fort. — Prends garde d'être trop vite crédule. »

[7] [Voilà le langage, les détours, les reprises que l'on doit attendre du dissimulé. Ces caractères doubles et artificieux, il faut s'en garder plus que des vipères.] [1]

être comblée avec vraisemblance par : « il donne, mais en demandant qu'on ne le nomme pas ».

1. Moralité apocryphe : de même, à la fin des Car. II, III, VI, VIII, XXVII, XXIX. A l'époque byzantine, les *Caractères* avaient, semble-t-il, été introduits, comme livre de morale, dans les écoles.

θαυμάζειν, τὰ δ' ἤδη ποτὲ καὶ αὐτὸς οὕτως διαλογίσασθαι. [6] Καὶ τὸ ὅλον δεινὸς τῷ τοιούτῳ τρόπῳ τοῦ λόγου χρῆσθαι· « οὐ πιστεύω, οὐχ ὑπολαμβάνω, ἐκπλήττομαι », καὶ « λέγεις αὑτὸν ἕτερον γεγονέναι· καὶ μὴν οὐ ταῦτα πρὸς ἐμὲ διεξῄει· παράδοξόν μοι τὸ πρᾶγμα· ἄλλῳ τινὶ λέγε· ὅπως δὲ σοὶ ἀπιστήσω ἢ ἐκείνου καταγνῶ ἀποροῦμαι· ἀλλ' ὅρα μὴ σὺ θᾶττον πιστεύεις ».

[7] [Τοιαύτας φωνὰς καὶ πλοκὰς καὶ παλιλλογίας εὑρεῖν ἔστι τοῦ εἴρωνος· τὰ δὴ τῶν ἠθῶν μὴ ἁπλᾶ, ἀλλ' ἐπίβουλα, φυλάττεσθαι μᾶλλον δεῖ ἢ τοὺς ἔχεις.]

20 λέγεις αὑτὸν Foss : λέγει ἑαυτὸν AB || 25-27 Epilogus byzantinus || 26 τοῦ εἴρωνος Ussing : οὐ χεῖρον ὂν AB.

II

LE FLATTEUR

On peut définir la flatterie un commerce honteux, mais profitable au flatteur[1]. [2] Et voici quelle sorte d'homme est le flatteur. « Remarques-tu, dit-il à son compagnon de promenade, comme tout le monde a les regards fixés sur toi ? C'est une chose qui n'arrive à personne autre dans la ville. — Hier, on a fait ton éloge sous le Portique[2]. Il y avait là plus de trente personnes rassemblées. La question s'étant posée quel est le plus honnête homme de la ville, tous les assistants, à mon exemple, tombèrent d'accord sur ton nom. » [3] Et, tout en tenant ces propos, il enlève un duvet du manteau de son compagnon, ou bien il cueille sur sa barbe quelque brin de paille que le vent y a fait voler : « Tu vois, dit-il avec un sourire : depuis deux jours que je ne t'avais rencontré, voilà ta barbe toute semée de fils blancs. N'empêche qu'autant qu'un autre, pour ton âge, tu as encore le poil noir ! » [4] Et, dès que cette même personne prend la parole, il impose à tous silence. Si elle chante, il la complimente et, à chaque arrêt, s'écrie « bravo ! » A-t-elle fait quelque froide plaisanterie, il éclate de rire et s'enfonce son

1. Dans le genre *flatterie* Théophraste distingue deux espèces : le κόλαξ, qui est guidé par le profit, et l'ἄρεσκος ou complaisant (car. V), qui agit sans vue intéressée, par désir inné de plaire.

2. Il s'agit du Pécile, une de ces galeries couvertes, pourvues de bancs en pierre, où se réunissaient volontiers pour causer les oisifs. Cf. VIII, 12 ; 14.

II

ΚΟΛΑΚΕΙΑΣ

Τὴν δὲ κολακείαν ὑπολάβοι ἄν τις ὁμιλίαν αἰσχρὰν εἶναι, συμφέρουσαν δὲ τῷ κολακεύοντι, [2] τὸν δὲ κόλακα τοιοῦτόν τινα ὥστε ἅμα πορευόμενον εἰπεῖν· « ἐνθυμῇ ὡς ἀποβλέπουσι πρὸς σὲ οἱ ἄνθρωποι ; τοῦτο δὲ οὐδενὶ τῶν ἐν τῇ πόλει γίγνεται πλὴν σοί· ηὐδοκίμεις χθὲς ἐν τῇ στοᾷ »· πλειόνων γὰρ ἢ τριάκοντα ἀνθρώπων καθημένων καὶ ἐμπεσόντος λόγου τίς εἴη βέλτιστος, ἀφ' αὐτοῦ ἀρξαμένους πάντας ἐπὶ τὸ ὄνομα αὐτοῦ κατενεχθῆναι· [3] καὶ ἅμα τοιαῦτα λέγων ἀπὸ τοῦ ἱματίου ἀφελεῖν κροκύδα, καί, ἐάν τι πρὸς τὸ τρίχωμα ὑπὸ πνεύματος προσενεχθῇ ἄχυρον, καρφολογῆσαι· καὶ ἐπιγελάσας δὲ εἰπεῖν· « ὁρᾷς ; ὅτι δυοῖν σοι ἡμερῶν οὐκ ἐντετύχηκα, πολιῶν ἔσχηκας τὸν πώγωνα μεστόν, καίπερ εἴ τις καὶ ἄλλος ἔχων πρὸς τὰ ἔτη μέλαιναν τὴν τρίχα »· [4] καὶ λέγοντος δὲ αὐτοῦ τι τοὺς ἄλλους σιωπᾶν κελεῦσαι· καὶ ἐπαινέσαι δὲ ᾄδοντος καὶ ἐπισημήνασθαι δέ, εἰ παύσεται, « ὀρθῶς »· καὶ σκώψαντος ψυχρῶς ἐπιγελάσαι, τό τε ἱμάτιον

II 5 δὲ B : om. A || οὐδενὶ A : οὐθενὶ B || 6 γίγνεται Diels : γίνεται AB || πλὴν B : πλὴν ἢ A || 8 ἀφ' αὐτοῦ Cobet : ἀπ' αὐτοῦ AB || 9 ἅμα Needham : ἄλλα AB || λέγων recc. : λέγειν AB || 10 τὸ τρίχωμα Herwerden : τὸ τρίχωμα τῆς κεφαλῆς AB || 11 ὑπὸ Auber : ἀπὸ AB || 12 δυοῖν B : δυεῖν A || 13 ἔσχηκας B : ἔσχες A || 14 ἔχων Herwerden : ἔχεις AB || 16 ᾄδοντος Reiske : ἀκούοντος AB || 17 σκώψαντος correxi : σκώψας τι AB.

manteau dans la bouche, comme s'il ne pouvait se contenir. [5] Tous les gens qu'il rencontre, il les invite à s'arrêter pour laisser passer « Monsieur »[3]. [6] Aux petits enfants de la maison il apporte des pommes et des poires qu'il a achetées, les leur distribue sous les yeux du père, et les embrasse en disant : « A bon père, bonne couvée ! »[4] [7] S'il accompagne son patron chez le cordonnier : « Ton pied, dit-il, a bien meilleur galbe que cette chaussure ! » [8] S'agit-il de rendre visite à un ami, vite il prend les devants : « Un tel vient te voir, » dit-il ; puis, rebroussant chemin : « J'ai annoncé ta venue. » [9] Il va de soi encore que c'est un homme capable de faire lui-même, et sans reprendre haleine, les courses du marché aux femmes[5]. [10] De tous les invités il est le premier à vanter le vin : « Quel fin gourmet tu fais ! » dit-il ; et prenant quelqu'un des mets sur la table : « Regarde, quel beau morceau ! » Il presse de questions son hôte : « N'a-t-il pas froid ? ne veut-il pas son manteau ? » et, joignant l'acte à la parole, il le lui met sur les épaules. Penché à son oreille, il lui chuchote quelque confidence ; et il ne le quitte pas des yeux, même pour adresser la parole à autrui. [11] Au théâtre, il arrache les coussins des mains de l'esclave et les dispose lui-même[6]. [12] Et il complimente sa dupe sur la belle architecture de sa maison, sur le bon entretien de ses plantations, sur la ressemblance de son portrait.

[13] [En résumé, vous verrez le flatteur dire et faire toutes les choses par lesquelles il espère se rendre agréable.][7].

3. Cet anachronisme m'a paru le seul équivalent exact du pronom αὐτός, employé par les serviteurs grecs en parlant du maître.

4. Proverbe grec ; nous disons à peu près de même : « bon chien chasse de race. »

5. Le marché où se vendaient les objets et parures à l'usage féminin : la présence d'un acheteur masculin y était sans doute insolite.

6. Les sièges des théâtres grecs étaient en bois ou en pierre ; les riches, pour les rembourrer, se faisaient apporter des coussins par leurs esclaves. Cf. XXII, 13.

7. Moralité byzantine.

ῶσαι εἰς τὸ στόμα, ὡς δὴ οὐ δυνάμενος κατασχεῖν τὸν γέλωτα· [5] καὶ τοὺς ἀπαντῶντας ἐπιστῆναι κελεῦσαι, ἕως ἂν αὐτὸς παρέλθῃ· [6] καὶ τοῖς παιδίοις μῆλα καὶ ἀπίους πριάμενος εἰσενέγκας δοῦναι ὁρῶντος αὐτοῦ, καὶ φιλήσας δὲ εἰπεῖν· « χρηστοῦ πατρὸς νεόττια »· [7] καὶ συνωνούμενος δὲ κρηπῖδας τὸν πόδα φῆσαι εἶναι εὐρυθμότερον τοῦ ὑποδήματος· [8] καὶ πορευομένου πρός τινα τῶν φίλων προδραμὼν εἰπεῖν ὅτι « πρὸς σὲ ἔρχεται »· καὶ ἀναστρέψας ὅτι « προσήγγελκα ». [9] Ἀμέλει δὲ καὶ τὰ ἐκ <τῆς> γυναικείας ἀγορᾶς διακονῆσαι δυνατὸς ἀπνευστί· [10] καὶ τῶν ἑστιωμένων πρῶτος ἐπαινέσαι τὸν οἶνον καὶ εἰπεῖν· « ὡς μαλακῶς ἐσθίεις », καὶ ἄρας τι τῶν παρακειμένων ἀπὸ τῆς τραπέζης φῆσαι· « τουτὶ ὅρα ὡς χρηστόν ἐστι »· καὶ ἐρωτῆσαι μὴ ῥιγοῖ καὶ εἰ ἐπιβάλλεσθαι βούλεται, καὶ ἔτι ταῦτα λέγων περιστεῖλαι αὐτόν· καὶ μὴν πρὸς τὸ οὖς προσκύπτων διαψιθυρίζειν, καὶ εἰς ἐκεῖνον ἀποβλέπων τοῖς ἄλλοις λαλεῖν· [11] καὶ τοῦ παιδὸς ἐν τῷ θεάτρῳ ἀφελόμενος τὰ προσκεφάλαια αὐτὸς ὑποστρῶσαι· [12] καὶ τὴν οἰκίαν φῆσαι εὖ ἠρχιτεκτονῆσθαι καὶ τὸν ἀγρὸν εὖ πεφυτεῦσθαι καὶ τὴν εἰκόνα ὁμοίαν εἶναι.

[13] [Καὶ τὸ κεφάλαιον τὸν κόλακα ἔστι θεάσασθαι πάντα καὶ λέγοντα καὶ πράττοντα οἷς χαριεῖσθαι ὑπολαμβάνει.]

21 δὲ B : om. A || 22 δὲ κρηπῖδας Fischer : ἐπικρηπῖδας A ἐπὶ κρηπῖδας B || 24 προδραμὼν B : προσδραμὼν A || 25 προσήγγελκα Ilberg : προσήγγελκας AB προσήγγελκά σε recc. || 26 δὲ B : om. A || τῆς add. Casaub. || 28 καὶ εἰπεῖν scripsi : καὶ παραμένων εἰπεῖν AB (uide l. 29) || 29 παρακειμένων ex παραμένων correctum huc transposui || 30 ὅρα Naber : ἄρα AB || 31 ἔτι ταῦτα λέγων περιστεῖλαι αὐτόν· καὶ μὴν corr. et transp. Ussing : ἔτι περιστείλῃ αὐτόν· καὶ μὴ ταῦτα λέγων πρὸς AB (εἴ τι Petersen καὶ μὴν recc.) || 32 προσκύπτων Valckenaer : προσπίπτων AB || διαψιθυρίζειν A : ψιθυρίζειν B || 38-39 Epilogus byzantinus || 39 οἷς recc. : ᾧ AB.

III

LE BAVARD

Le bavardage est la manie de parler beaucoup et inconsidérément. [2] Et voici quelle sorte d'homme est le bavard. Assis à côté d'un inconnu, il fait pour commencer l'éloge de sa femme ; puis, il raconte le songe qu'il a eu la nuit précédente ; ensuite, il passe à son dîner, dont il détaille exactement le menu ; [3] enfin, de propos en propos, il déclare que les hommes d'aujourd'hui sont bien loin de valoir ceux d'autrefois ; que le blé ne se vend pas bon marché sur l'agora ; qu'il y a en ville une affluence d'étrangers ; qu'à partir des Dionysies la mer devient navigable [1] ; qu'un peu de pluie, s'il plaisait à Zeus, ferait du bien aux récoltes ; qu'il cultivera sa terre l'année prochaine [2] ; que la vie matérielle devient bien difficile ; que c'est Damippos qui, aux Mystères [3], a consacré le plus grand cierge ; et quel est le nombre des colonnes de l'Odéon [4]. Il vous apprendra encore que c'est au mois de Boédromion [5] qu'ont lieu les Mystères, au mois de

1. Les Grandes Dionysies ou Dionysies de la ville, qui se célébraient au mois d'élaphébolion (mars-avril). Chez les anciens, la navigation restait à peu près interrompue pendant les mois d'hiver.

2. Voy. p. 9.

3. Les Mystères d'Éleusis, en l'honneur de Déméter.

4. On appelait odéons des théâtres couverts, spécialement destinés aux auditions musicales. Il s'agit de celui qu'avait fait bâtir Périclès : c'était un tétragone, sur lequel s'élevait une coupole supportée par des colonnes.

5. Septembre-octobre.

III

ΑΔΟΛΕΣΧΙΑΣ

Ἡ δὲ ἀδολεσχία ἐστὶ μὲν διήγησις λόγων μακρῶν καὶ ἀπροβουλεύτων, [2] ὁ δὲ ἀδολέσχης τοιοῦτός τις οἷος, ὃν μὴ γιγνώσκει, τούτῳ παρακαθεζόμενος πλησίον πρῶτον μὲν τῆς αὑτοῦ γυναικὸς εἰπεῖν ἐγκώμιον, εἶτα, ὃ τῆς νυκτὸς εἶδεν ἐνύπνιον, τοῦτο διηγήσασθαι, εἶθ' ὧν εἶχεν ἐπὶ τὸ δεῖπνον τὰ καθ' ἕκαστα διεξελθεῖν· [3] εἶτα δὴ προχωροῦντος τοῦ πράγματος λέγειν ὡς πολὺ πονηρότεροί εἰσιν οἱ νῦν ἄνθρωποι τῶν ἀρχαίων, καὶ ὡς ἄξιοι <οὐ> γεγόνασιν οἱ πυροὶ ἐν τῇ ἀγορᾷ, καὶ ὡς πολλοὶ ἐπιδημοῦσι ξένοι, καὶ τὴν θάλατταν ἐκ Διονυσίων πλόϊμον εἶναι, καὶ εἰ ποιήσειεν ὁ Ζεὺς ὕδωρ πλεῖον, τὰ ἐν τῇ γῇ βελτίω ἔσεσθαι, καὶ ὅτι ἀγρὸν εἰς νέωτα γεωργήσει, καὶ ὡς χαλεπόν ἐστι τὸ ζῆν, καὶ ὡς Δάμιππος μυστηρίοις μεγίστην δᾷδα ἔστησεν, καὶ πόσοι εἰσὶ κίονες τοῦ Ὠιδείου, καὶ ὡς Βοηδρομιῶνος μέν ἐστι τὰ μυστήρια, Πυανοψιῶνος δὲ Ἀπατούρια, Ποσιδεῶνος

III 4 γιγνώσκει Diels : γινώσκει AB || 6 τὸ δεῖπνον A : τῷ δείπνῳ B || 9 οὐ add. Coraï || 12 ὅτι Casaub. : ὁ AB || 14 μεγίστην B : μεγίστοις A || 15 Verba καὶ ὡς Βοηδρομιῶνος... Διονύσια, quibus caput in AB absoluitur, ante καὶ χθὲς ... τήμερον, praeeunte van Groningen, transposui. Vid. p. 9 || 17 Πυανοψιῶνος et Ποσιδεῶνος Bechert : πυανεψιῶνος et ποσειδεῶνος AB.

Pyanopsion les Apaturies[6], au mois de Posidéon les Dionysies rustiques[7]. « Hier, continue-t-il, j'ai pris un vomitif », et « Quel jour est-ce aujourd'hui ? ». [4] Et si on supporte son bavardage, il est homme à ne plus vous lâcher.

[5]]Les bavards de cette espèce, il faut les fuir à toutes jambes[8], si l'on veut éviter la fièvre. Ce n'est pas chose aisée que de tenir bon contre des gens qui ne savent pas discerner le temps de votre loisir et celui des affaires[9].]

6. Les Apaturies, fête en l'honneur d'Athéna et d'Héphestos, se célébraient en pyanopsion, c'est-à-dire en octobre-novembre.

7. Les Dionysies rustiques, célébrées à la campagne dans les dèmes, au mois de posidéon (déc.-janv.).

8. Le texte grec dit littéralement : « en agitant les bras et en écartant les jambes. »

9. Moralité byzantine.

δὲ <τὰ> κατ᾽ ἀγροὺς Διονύσια, καὶ « χθὲς ἤμεσα », καὶ « τίς ἐστιν ἡμέρα τήμερον ; » [4] κἂν ὑπομένῃ τις αὐτόν, μὴ ἀφίστασθαι.

[5] [Παρασείσαντα δὴ δεῖ τοὺς τοιούτους τῶν ἀνθρώπων καὶ διαράμενον ἀπαλλάττεσθαι, ὅστις ἀπύρευτος βούλεται εἶναι· ἔργον γὰρ συναρκεῖσθαι τοῖς μήτε σχολὴν μήτε σπουδὴν διαγινώσκουσιν.]

|| 17 τὰ add. Casaub. || 18 τήμερον Diels : σήμερον AB || 20-23 Epilogus byzantinus || 22 σχολὴν B : σπουδὴν A || 23 σπουδὴν B : σχολὴν A.

IV

LE RUSTRE

La rusticité est, semble-t-il, une grossièreté qui ignore les bienséances. [2] Et voici quelle sorte d'homme est le rustre. Avant d'aller à l'assemblée, il absorbe son *kykéon,* [3] et ..... soutient qu'il n'y a pas de parfum qui vaille le pouliot [1]. [4] Il porte des souliers trop larges pour son pied. [5] Il a le verbe haut. [6] Défiant à l'égard de ses amis et de ses proches, il fait à ses domestiques la confidence de ses plus grands secrets ; et, quand il revient de l'assemblée, il raconte aux mercenaires qui travaillent dans ses champs tout ce qui s'y est passé. [7] En s'asseyant, il retrousse son manteau au-dessus du genou, sans souci de laisser apercevoir sa nudité. [8] Rien dans les rues [2] ne l'étonne ni ne le frappe ; mais qu'il rencontre un bœuf, un âne, un bouc, le voilà en arrêt pour les contempler. [9] A l'occasion, il ira à l'office pour y prendre son repas sur place. C'est un homme qui boit sec. [10] Il fait en cachette la cour à la boulangère, et l'aide ensuite à moudre la farine nécessaire à lui-même et à toute la maison [3]. [11] Tout en déjeunant, il va par la même occasion donner le

1. Le *kykéon* (littéralement « mixture ») paraît avoir été un régal des paysans attiques : il y entrait du vin, de la farine, du miel, du pouliot (menthe sauvage). Dans la lacune supposée, un voisin se plaignait sans doute de l'odeur de pouliot qu'exhalait le rustre.

2. De la ville, évidemment.

3. Texte conjectural.

IV

ΑΓΡΟΙΚΙΑΣ

Ἡ δὲ ἀγροικία δόξειεν ἂν εἶναι ἀμαθία ἀσχήμων, [2] ὁ δὲ ἄγροικος τοιοῦτός τις οἷος κυκεῶνα πιὼν εἰς ἐκκλησίαν πορεύεσθαι· [3] καὶ .... τὸ μύρον φάσκειν οὐδὲν τοῦ θύμου ἥδιον ὄζειν· [4] καὶ μείζω τοῦ ποδὸς τὰ ὑποδήματα φορεῖν· [5] καὶ μεγάλῃ τῇ φωνῇ λαλεῖν· [6] καὶ τοῖς μὲν φίλοις καὶ οἰκείοις ἀπιστεῖν, πρὸς δὲ τοὺς αὑτοῦ οἰκέτας ἀνακοινοῦσθαι περὶ τῶν μεγίστων· καὶ τοῖς παρ' αὐτῷ ἐργαζομένοις μισθωτοῖς ἐν ἀγρῷ πάντα τὰ ἀπὸ τῆς ἐκκλησίας διηγεῖσθαι· [7] καὶ ἀναβεβλημένος ἄνω τοῦ γόνατος καθιζάνειν, ὥστε τὰ γυμνὰ αὐτοῦ φαίνεσθαι· [8] καὶ ἐπ' ἄλλῳ μὲν μηδενὶ <μήτε> θαυμάζειν μήτε ἐκπλήττεσθαι ἐν ταῖς ὁδοῖς, ὅταν δὲ ἴδῃ βοῦν ἢ ὄνον ἢ τράγον, ἑστηκὼς θεωρεῖν. [9] Καὶ προαιρῶν δέ τι ἐκ τοῦ ταμιείου δεινὸς φαγεῖν· καὶ ζωρότερον πιεῖν· [10] καὶ τὴν σιτοποιὸν πειρῶν λαθεῖν, κᾆτ' ἀλέσαι μετ' αὐτῆς τοῖς ἔνδον πᾶσι καὶ αὐτῷ τὰ ἐπιτήδεια· [11] καὶ ἀριστῶν δὲ ἅμα τοῖς

IV 3 τις B : om. A || 4 Lacunam ante τὸ μύρον suspicatus est Schneiderus, quam ita fere suppleueris : καὶ <τῶν παρακαθεζομένων ἐπὶ τῇ ὀσμῇ δυσχεραινόντων> τὸ μύρον κτλ. || οὐδὲν A : οὐδὲ B || 11 μὲν B : om. A || μήτε suppl. Ast || θαυμάζειν recc. : om. AB || 14 δεινὸς (in δεινῶς correctum) AB || 15 λαθεῖν AB : corruptum uidetur || κᾆτ' ἀλέσαι Casaub. : κᾆτ' ἀλέσας AB καταλίσας coniecit Immisch. An κατακυλίσας ? (Vid. p. 33, n. 1) || 16 αὐτῷ nescio quis : αὑτῷ B αὐτοῖς A.

fourrage aux bêtes. [12] Si l'on frappe à sa porte, il vient en personne ouvrir [4], et, accompagné de son chien qu'il tient par la gueule : « C'est, dit-il, le gardien du domaine et du logis. » [13] Reçoit-il de l'argent d'un débiteur, il refuse la monnaie sous prétexte qu'elle n'a pas le poids [5], et en exige d'autre à la place. [14] A-t-il prêté sa charrue, une corbeille, une faux, un sac, ce souvenir le tient éveillé la nuit et il se lève pour aller les réclamer. [15] Quand il descend à la ville, il interroge le premier passant sur le prix des peaux et du poisson salé [6], et..... [7] ; puis il ajoute que, dès son arrivée en ville, il se fera tailler les cheveux, et qu'en passant, puisque c'est son chemin, il rapportera de chez Archias [8] du poisson salé. [16] Dans l'établissement de bains, il chante. [17] Il garnit de clous ses souliers.

4. Faisant ainsi office servile.
5. Par suite d'usure.
6. Deux articles essentiels de l'habillement et de l'alimentation des paysans grecs.
7. Une ligne altérée, inintelligible.
8. Nom réel ou fictif d'un marchand de salaisons.

ὑποζυγίοις ἐμβαλεῖν <χόρτον·> [12] καὶ κόψαντος τὴν θύραν ὑπακοῦσαι αὐτός, καὶ τὸν κύνα προσκαλεσάμενος καὶ ἐπιλαβόμενος τοῦ ῥύγχους εἰπεῖν· « οὗτος φυλάττει τὸ χωρίον καὶ τὴν οἰκίαν »· [13] καὶ τὸ ἀργύριον δὲ παρά του λαβὼν ἀποδοκιμάζειν, λίαν λέγων λεπτὸν εἶναι, καὶ ἕτερον ἀνταλλάττεσθαι· [14] καὶ εἰ τὸ ἄροτρον ἔχρησεν ἢ κόφινον ἢ δρέπανον ἢ θύλακον, ταῦτα τῆς νυκτὸς κατὰ ἀγρυπνίαν ἀναμιμνῃσκόμενος <ἀναστὰς ἀπαιτεῖν>· [15] καὶ εἰς ἄστυ καταβαίνων ἐρωτῆσαι τὸν ἀπαντῶντα πόσου ἦσαν αἱ διφθέραι καὶ τὸ τάριχος καὶ εἰ τήμερον † ὁ ἀγὼν νουμηνίαν ἄγει †, καὶ εἰπεῖν εὐθὺς ὅτι βούλεται καταβὰς ἀποκείρασθαι καὶ τῆς αὐτῆς ὁδοῦ παριὼν κομίσασθαι παρ' Ἀρχίου τοὺς ταρίχους· [16] καὶ ἐν βαλανείῳ δὲ ᾄσαι· [17] καὶ εἰς τὰ ὑποδήματα δὲ ἥλους ἐγκροῦσαι.

17 χόρτον suppleui || καὶ κόψαντος τὴν recc. : om. AB || 18 ὑπακοῦσαι Casaub. : ἐπακοῦσαι AB || 20 του B : τούτου A || 21 λέγων Casaub. : μὲν AB || λεπτὸν Foss. : λυπρὸν AB || 22 ἀνταλλάττεσθαι Cobet : ἅμα ἀλλάττεσθαι AB || 24 ἀναστὰς ἀπαιτεῖν suppleui : ἀπαιτεῖν iam praeiu. Casaub. || 26-27 εἰ τήμερον.... ἄγει locus desperatus || 29-30 uerba καὶ ἐν βαλανείῳ... ἐγκροῦσαι, quae in AB post ἀποκείρασθαι leguntur, Schneiderus, rogante nexu sententiae, iure transposuit.

V

LE COMPLAISANT

La complaisance, si on veut la définir, est un commerce qui, sans souci de l'honnête, ne vise qu'à procurer de l'agrément. [2] Et voici quelle sorte d'homme est le complaisant. Du plus loin qu'il aperçoit une personne, il la salue par son nom, la qualifie d'éminente, lui prodigue les compliments, la retient par les deux mains sans la lâcher ; et ce n'est qu'après lui avoir fait un bout de conduite et s'être informé du jour où il la reverra qu'il prend enfin congé, en la louant encore. [3] Appelé à un arbitrage, il se préoccupe de complaire non seulement à la partie qu'il représente, mais encore à l'adversaire, afin de paraître impartial [1]. [4] Parlant à des étrangers, il accorde qu'ils ont raison contre ses concitoyens [2]. [5] Invité à un repas, il prie son hôte de faire venir ses enfants [3] ; dès leur entrée, il déclare qu'une figue ne ressemble pas plus à une figue [4] que ces enfants à leur

1. Les arbitres privés, ou amiables compositeurs, étaient d'ordinaire au nombre de trois, deux choisis par les parties et un surarbitre désigné par les deux autres. Leur décision était sans appel.

2. Soit dans un procès privé, soit dans un différend politique entre un état étranger et Athènes.

3. En règle générale, les femmes et les enfants ne prenaient pas leurs repas avec les hommes.

4. Le proverbe français correspondant dit : « se ressembler comme deux gouttes d'eau ».

V

ΑΡΕΣΚΕΙΑΣ

Ἡ δὲ ἀρέσκειά ἐστι μέν, ὡς ὅρῳ περιλαβεῖν, ἔντευξις οὐκ ἐπὶ τῷ βελτίστῳ ἡδονῆς παρασκευαστική, [2] ὁ δὲ ἄρεσκος ἀμέλει τοιοῦτός τις οἷος, πόρρωθεν προσαγορεύσας καὶ ἄνδρα κράτιστον εἰπὼν καὶ θαυμάσας ἱκανῶς, ἀμφοτέραις ταῖς χερσὶ λαβόμενος μὴ ἀφιέναι, καὶ μικρὸν προπέμψας καὶ ἐρωτήσας πότε αὐτὸν ὄψεται, ἐπαινῶν ἀπαλλάττεσθαι· [3] καὶ παρακληθεὶς δὲ πρὸς δίαιταν μὴ μόνον ᾧ πάρεστι βούλεσθαι ἀρέσκειν, ἀλλὰ καὶ τῷ ἀντιδίκῳ, ἵνα κοινός τις εἶναι δοκῇ· [4] καὶ τοῖς ξένοις δὲ εἰπεῖν ὡς δικαιότερα λέγουσι τῶν πολιτῶν· [5] καὶ κεκλημένος δὲ ἐπὶ δεῖπνον κελεῦσαι καλέσαι τὰ παιδία τὸν ἑστιῶντα, καὶ εἰσιόντα φῆσαι

V 1 Hoc caput duas inter se pugnantes partes, ut in codicibus ita iam in herculanensi papyro, continet, quarum altera (§§ 6-10) nihil ad ἀρέσκειαν spectat. Eos paragraphos huc manifesto errore esse illatos primus intellexit Casaubonus et inter omnes fere criticos hodie conuenit. Quamobrem nonnulli (Casaubonus, Schneider, Bloch, Hartung) charactera separatum primitus fuisse persuasum habuerunt : quem, Casaubono auctore, περὶ βαναυσίας uel ἀπειροκαλίας inscripseris. Plerique uero eam partem characteri XXI (μικροφιλοτιμίας) inseruerunt : alii post Αἰθίοψ ἔσται § 4 (Foss), alii post ἀποδοῦναι § 5 (Jebb-Sandys), alii denique (Ast, Dübner), quorum secutus sum exemplum, post finem eiusdem capitis. || 4]τις B : ἐστὶ A || 6 [λαβ]ό[με]ν[ος] P : om. AB || Inter μικρὸν et προπ. hiat in P lacuna trium aut quattuor litterarum. Forsan μικρόν τί γε (cf. VII, 3 ; 6; XXVIII, 5) || 7 ἐπαινῶν P recc. : ἔτι αἰνῶν AB || 9 κοινός τι[ς P : κοινὸς εἷς AB || 10 τοῖς ξένοις Coraï : τοὺς ξένους ABP || 12 κελεῦσαι P : κελεύσει AB || εἰσιόντα AB : εἰσελθόντα P || 13 Post σύκου supplendum uidetur σύκῳ.

père ; il les attire à lui, les embrasse, les assied à ses côtés ; il joue avec les uns, disant : « A qui la petite outre ? A qui la petite hache [5] ? » et il laisse les autres s'endormir sur son estomac qu'ils écrasent [6].

5. Jeu inconnu. Nombre d'hypothèses ; voir mon *Commentaire*, p. 35.

6. Après cette phrase, les manuscrits insèrent un développement, que nous avons transporté à la fin du car. XXI (§§ 6-10) : ce qui est, croyons-nous, sa vraie place. Voy. à ce sujet *Commentaire*, Introd. p. L-LII.

σύκου ὁμοιότερα εἶναι τῷ πατρί, καὶ προσαγόμενος φιλῆσαι καὶ παρ' αὑτὸν καθίσασθαι, καὶ τοῖς μὲν συμπαίζειν αὐτὸς λέγων · « ἀσκός, πέλεκυς », τὰ δὲ ἐπὶ τῆς γαστρὸς ἐᾶν καθεύδειν ἅμα θλιβόμενος.

14 αὑτόν recc. : αὐτὸν AB || καθίσασθαι Cobet : καθίστασθαι AB || 16 ἅμα AB : om. P.

VI

LE CYNIQUE

Le cynisme est l'assurance avec laquelle on fait ou on dit des choses honteuses. [2] Et voici quelle sorte d'homme est le cynique. Prompt à jurer, perdu de réputation, toujours prêt à l'invective; pour les mœurs, c'est un pilier des halles, débraillé, capable de tout. [3] Il est homme à danser le cordace [1], même à jeun [2]. [4] Dans les spectacles forains, il recueille le prix des places [3], allant d'un spectateur à l'autre, et bataille avec ceux qui, n'ayant point de billet, prétendent voir gratis. [5] Tour à tour cabaretier, tenancier de mauvais lieu, collecteur d'impôts, aucun métier, si infâme qu'il soit, ne lui répugne ; il sera, à l'occasion, crieur public, cuisinier, joueur de dés. [6] Il laisse mourir de faim sa vieille mère [4] ; il se fait arrêter pour vol ; il habite plus souvent en prison que chez lui. [7] C'est un de ces individus qui rassemblent autour d'eux la foule, et qui, d'une grosse voix éraillée, apostrophent les passants, les invectivent ou entament la conversation avec eux ; pendant ce temps, les uns s'ap-

1. Le *cordace* était une danse, réservée ordinairement à la comédie et caractérisée par des déhanchements lascifs. Du théâtre, elle s'était introduite dans les banquets.

2. L'absence d'ivresse est ici une circonstance aggravante. Voyez XII, 14 et la note.

3. Littéralement « il recueille les *chalques* » : petite monnaie, valant le huitième d'une obole (deux centimes environ).

4. Ne pas subvenir à la nourriture de ses parents était un crime, puni de dégradation civique.

VI

ΑΠΟΝΟΙΑΣ

Ἡ δὲ ἀπόνοιά ἐστιν ὑπομονὴ αἰσχρῶν ἔργων καὶ λόγων, [2] ὁ δὲ ἀπονενοημένος τοιοῦτός τις οἷος ὀμόσαι ταχύ, κακῶς ἀκοῦσαι, λοιδορηθῆναι δυνάμενος, τῷ ἤθει ἀγοραῖός τις καὶ ἀνασεσυρμένος καὶ παντοποιός. [3] Ἀμέλει δυνατὸς καὶ ὀρχεῖσθαι νήφων τὸν κόρδακα [καὶ προσωπεῖον ἔχων ἐν κωμικῷ χορῷ]· [4] καὶ ἐν θαύμασι δὲ τοὺς χαλκοῦς ἐκλέγειν καθ' ἕκαστον περιὼν καὶ μάχεσθαι τούτων τοῖς τὸ σύμβολον <μὴ> φέρουσι καὶ προῖκα θεωρεῖν ἀξιοῦσι. [5] Δεινὸς δὲ καὶ πανδοκεῦσαι καὶ πορνοβοσκῆσαι καὶ τελωνῆσαι καὶ μηδεμίαν αἰσχρὰν ἐργασίαν ἀποδοκιμάσαι, ἀλλὰ κηρύττειν, μαγειρεύειν, κυβεύειν· [6] τὴν μητέρα μὴ τρέφειν, ἀπάγεσθαι κλοπῆς, τὸ δεσμωτήριον πλείω χρόνον οἰκεῖν ἢ τὴν αὑτοῦ οἰκίαν. [7] Καὶ τούτων ἂν εἶναι δόξειεν τῶν περιισταμένων τοὺς ὄχλους καὶ προσκαλούντων, μεγάλῃ τῇ φωνῇ καὶ παρερρωγυίᾳ λοιδορουμένων καὶ διαλεγομένων πρὸς αὐτούς· καὶ

VI 3 τις B : ἐστιν A || 4 Verba λοιδορηθῆναι... παντοποιός, praue concinnata, epitomatorem produnt || 6 [καὶ προσωπεῖον... χορῷ] secludenda putaui : χοῦ... κωμαστικῷ coni. Wachsmuth. Cf. *Comment.*, p. 38 || 8 περιὼν (= περιιὼν) Needham : παριὼν AB || 9 τούτων Petersen : τούτοις AB || μὴ addidi : οὐ Coraï || 15 καὶ τούτων ἂν Needham : καὶ τοῦτο δ' ἂν AB. Structura insolita totius paragraphi, ex οἷος iam non pendentis, epitomam iterum sapit.

prochent du cercle, les autres passent sans écouter; celui-ci n'attrape que le commencement de l'histoire, tel autre la fin, un troisième quelque autre partie. Et, afin de mieux étaler son cynisme, notre homme choisit pour cette scène un jour de fête publique. [8] Il est homme à mener à la fois plusieurs procès, soit comme défendeur, soit comme demandeur; de l'un il se débarrasse par un déclinatoire[5], et dans l'autre il comparaît, portant dans le pli de sa tunique une boîte pleine de dossiers, et en ses mains toute une liasse de paperasses enfilées. [9] Il ne rougit pas de se faire le meneur des gens du marché; il est leur prêteur et exige 25 pour 100 d'intérêt par jour[6]; on le voit faire sa ronde chez les taverniers, chez les marchands de poisson et de salaisons, pour toucher ses intérêts; et la monnaie qu'il recueille de ce trafic, il se la fourre dans la bouche[7].

[10] [Bien incommodes sont ces gens, dont la langue est alerte à l'invective et qui ont le verbe haut au point de faire retentir de leurs cris la place et les boutiques[8].]

5. Le terme grec (ἐξωμοσία) désigne ici le serment prêté par le défendeur pour opposer à la plainte dont il était l'objet une fin de non-recevoir. Plus loin (XXIV, 4) il a un autre sens.

6. L'intérêt légal, à Athènes, était normalement de 12 à 18 pour 100 par an.

7. Habitude des gens du peuple, à laquelle les comiques font souvent allusion.

8. Moralité byzantine.

μεταξὺ οἱ μὲν προσίασιν, οἱ δὲ ἀπίασιν πρὶν ἀκοῦσαι αὐτοῦ, ἀλλὰ τοῖς μὲν τὴν ἀρχήν, τοῖς δὲ συλλαβήν, τοῖς δὲ μέρος τοῦ πράγματος λέγει, οὐκ ἄλλως θεωρεῖσθαι ἀξιῶν τὴν ἀπόνοιαν αὐτοῦ ἢ ὅταν ᾖ πανήγυρις. [8] Ἱκανὸς δὲ καὶ δίκας τὰς μὲν φεύγειν, τὰς δὲ διώκειν, τὰς δὲ ἐξόμνυσθαι, ταῖς δὲ παρεῖναι ἔχων ἐχῖνον ἐν τῷ προκολπίῳ καὶ ὁρμαθοὺς γραμματιδίων ἐν ταῖς χερσίν· [9] <καὶ> οὐκ ἀποδοκιμάζειν δὲ οὐδ' ἅμα πολλῶν ἀγοραίων στρατηγεῖν, καὶ εὐθὺς τούτοις δανείζειν καὶ τῆς δραχμῆς τόκον τρία ἡμιωβόλια τῆς ἡμέρας πράττεσθαι· καὶ ἐφοδεύειν τὰ μαγειρεῖα, τὰ ἰχθυοπώλια, τὰ ταριχοπώλια, καὶ τοὺς τόκους <τοὺς> ἀπὸ τοῦ ἐμπολήματος εἰς τὴν γνάθον ἐκλέγειν.

[10] [Ἐργώδεις δέ εἰσιν οἱ τὸ στόμα εὔλυτον ἔχοντες πρὸς λοιδορίαν καὶ φθεγγόμενοι μεγάλῃ τῇ φωνῇ, ὡς συνηχεῖν αὐτοῖς τὴν ἀγορὰν καὶ τὰ ἐργαστήρια.]

19 τὴν ἀρχήν A : ἀρχήν B || συλλαβήν corruptum || 20 λέγει recc. : λέγειν AB || οὐκ ἄλλως B : οὐ καλῶς A || 24 καὶ supp. Meier || 25 εὐθὺς uix sanum || 28 τόκους AB : χαλκοῦς coni. Casaub. || τοὺς suppleui || 30-32 Epilogus byzantinus.

VII

LE LOQUACE

La loquacité pourrait, semble-t-il, être définie une incontinence de parole. [2] Et voici quelle sorte d'homme est le loquace[1]. De quoi que l'entretienne une personne qu'il a rencontrée : « Ce n'est pas cela, dit-il ; je sais, moi, toute l'affaire, et pour peu que tu veuilles m'écouter, tu en seras instruit. » Et, tandis que l'autre poursuit, il l'interrompt : « Il y a là quelque chose à dire ; garde-toi de l'oublier. — Merci de m'avoir rappelé ce détail. — Comme il y a avantage à causer, n'est-ce pas ? — C'est un point qui m'avait échappé. — Tu as eu vite fait, vraiment, de saisir la chose. — Voilà un moment que je t'attendais là pour voir si tu aboutirais à la même conclusion que moi. » Et autres interruptions du même genre qui ne laissent pas à l'interlocuteur le temps de souffler. [3] Et, quand il a ainsi assommé les individus, il est homme à s'attaquer aux groupes et à mettre en fuite les personnes assemblées pour causer d'affaires. [4] Entrant dans les écoles et dans les palestres, il trouble les enfants dans leurs exercices, tant il bavarde avec les pédotribes[2] et les maîtres d'école. [5] Qu'on vienne à lui dire :

1. Dans le genre « bavardage » Théophraste distingue jusqu'à quatre variétés : l'ἀδολέσχης (III), qui est un sot ; le λάλος (VII), ou le « grand parleur » (trad. de La Bruyère), qui veut paraître informé de toutes choses ; le λογοποιός (VIII), ou le nouvelliste ; et le κακολόγος (XXVIII), ou le médisant, la mauvaise langue.

2. Maîtres de gymnastique.

VII

ΛΑΛΙΑΣ

Ἡ δὲ λαλιά, εἴ τις αὐτὴν ὁρίζεσθαι βούλοιτο, εἶναι ἂν δόξειεν ἀκρασία τοῦ λόγου, [2] ὁ δὲ λάλος τοιοῦτός τις οἷος τῷ ἐντυγχάνοντι εἰπεῖν, ἂν ὁτιοῦν πρὸς αὐτὸν φθέγξηται, ὅτι οὐδὲν λέγει καὶ ὅτι αὐτὸς πάντα οἶδεν καί, ἂν ἀκούῃ αὐτοῦ, μαθήσεται· καὶ μεταξὺ δὲ ἀποκρινομένῳ ὑποβάλλειν εἴπας· « σὺ μὴ ἐπιλάθῃ ὃ μέλλεις λέγειν », καὶ « εὖ γε, ὅτι με ὑπέμνησας », καὶ « τὸ λαλεῖν ὡς χρήσιμόν που », καὶ « ὃ παρέλιπον », καὶ « ταχύ γε συνῆκας τὸ πρᾶγμα », καὶ « πάλαι σε παρετήρουν, εἰ ἐπὶ τὸ αὐτὸ ἐμοὶ κατενεχθήσῃ », καὶ ἑτέρας ἀρχὰς τοιαύτας πορίσασθαι ὥστε μηδὲ ἀναπνεῦσαι τὸν ἐντυγχάνοντα. [3] Καὶ ὅταν γε τοὺς καθ' ἕνα ἀπογυμνάσῃ, δεινὸς καὶ ἐπὶ τοὺς ἀθρόους συνεστηκότας πορευθῆναι καὶ φυγεῖν ποιῆσαι μεταξὺ χρηματίζοντας· [4] καὶ εἰς τὰ διδασκαλεῖα δὲ καὶ εἰς τὰς παλαίστρας εἰσιὼν κωλύειν τοὺς παῖδας προμανθάνειν, τοσαῦτα καὶ προσλαλεῖ τοῖς παιδοτρίβαις καὶ διδασκάλοις. [5] Καὶ τοὺς ἀπιέναι

VII 3 τις B : ἐστι τίς A || 6 ἀποκρινομένῳ recc. : ἀποκριναμένῳ AB₁ || ὑποβάλλειν recc. : ἐπιβάλλειν AB || 7 εἴπας· σὺ μὴ recc. : εἶπας σύ· μὴ AB || 10 ἐμοὶ B : om. A || 11 ἀρχὰς AB dubium : ἀφορμὰς recc. || 13 ἀπογυμνάσῃ correxi : ἀπογυμνώσῃ AB ἀποχναίσῃ recc. || καὶ post ἀθρόους del. Meineke || 16 προμανθάνειν AB (cf. Aristoph. *Nub.* 966; Soph. *Philoct.* 538) || καὶ uix sanum : fort. δὴ || προσλαλεῖ Diels : προσλαλεῖν AB.

« Je te quitte, » il est capable de vous suivre et de vous reconduire jusqu'à votre porte. [6] L'interroge-t-on sur ce qui s'est passé à l'assemblée, il ne se borne pas à en faire le récit ; il continue par celui de la fameuse lutte entre les deux orateurs qui eut lieu jadis sous l'archonte Aristophon, et..... [3] ; ensuite il passe aux harangues qu'il a lui-même prononcées autrefois, et avec tant de succès, devant le peuple ; et il entremêle sa narration d'invectives contre la multitude : en sorte que ses auditeurs oublient à mesure ses paroles, ou bien s'endorment, ou bien lui quittent la place et s'en vont. [7] Au tribunal il empêche ses voisins de juger, au théâtre de regarder, à table de manger : il avoue que le silence, pour un bavard de son espèce, est un supplice ; que sa langue est comme un poisson dans l'eau [4] ; et que, au risque de passer pour plus bavard qu'une hirondelle, il ne saurait se taire. [8] Il supporte même là-dessus les railleries de ses propres enfants, qui, quand le sommeil leur vient, ne manquent pas de l'exciter à parler : « Papa, raconte-nous quelque histoire qui nous fasse dormir ».

3. Ces deux orateurs sont Démosthène et Eschine ; allusion au procès de la *Couronne*, plaidé en effet sous l'archontat d'Aristophon (330 av. J.-C.). Suit une phrase tronquée : il y était, semble-t-il, question de la célèbre séance de l'assemblée du peuple, où, sous la pression du Lacédémonien Lysandre, les Athéniens furent contraints de substituer à la démocratie le régime oligarchique des Trente tyrans (404 av. J.-C.).

4. Littéralement « que sa langue est dans l'humide ».

φάσκοντας δεινὸς προπέμψαι καὶ ἀποκαταστῆσαι εἰς τὰς οἰκίας· [6] καὶ πυθομένοις <τὰ ἀπὸ> τῆς ἐκκλησίας ἀπαγγέλλειν, προσδιηγήσασθαι δὲ καὶ τὴν ἐπ' Ἀριστοφῶντος τότε γενομένην τῶν ῥητόρων μάχην καὶ † τὴν Λακεδαιμονίοις ὑπὸ Λυσάνδρου...†, καὶ οὕς ποτε λόγους αὐτὸς εἴπας ηὐδοκίμησεν ἐν τῷ δήμῳ· καὶ κατὰ τῶν πληθῶν γε ἅμα διηγούμενος κατηγορίαν παρεμβαλεῖν, ὥστε τοὺς ἀκούοντας ἤτοι ἐπιλαθέσθαι ἢ νυστάξαι ἢ μεταξὺ καταλιπόντας ἀπαλλάττεσθαι. [7] καὶ συνδικάζων δὲ κωλῦσαι κρῖναι καὶ συνθεωρῶν θεάσασθαι καὶ συνδειπνῶν φαγεῖν, λέγων ὅτι χαλεπὸν τῷ λάλῳ ἐστὶ σιωπᾶν, καὶ ὡς ἐν ὑγρῷ ἐστιν ἡ γλῶττα, καὶ ὅτι οὐκ ἂν σιωπήσειεν, οὐδ' εἰ τῶν χελιδόνων δόξειεν εἶναι λαλίστερος· [8] καὶ σκωπτόμενος ὑπομεῖναι καὶ ὑπὸ τῶν αὑτοῦ παιδίων, ὅταν αὐτὸν ἤδη καθεύδειν βουλόμενα κελεύῃ λέγειν· « πάππα, λάλει τι ἡμῖν, ὅπως ἂν ἡμᾶς ὕπνος λάβῃ ».

18 εἰς τὰς οἰκίας Ribbeck : ἐκ τῆς οἰκίας AB || 19 πυθομένοις Foss : πυθόμενος AB || τὰ ἀπὸ τῆς Kayser : τὰς AB || 21 τῶν ῥητόρων Cobet : τοῦ ῥήτορος AB || τὴν ... Λυσάνδρου AB uerba corrupta uel mutila || 22 εἴπας Casaub. : εἶπας A εἶπεν B || ηὐδοκίμησεν scripsi : εὐδοκίμησεν recc. εὐδοκίμησαν AB || 29 δόξειεν B : δόξειεν ἂν A || 31 λέγειν Reiske : λέγοντα AB || 32 πάππα Sylburg : ταῦτα AB || λάλει Reiske : λαλεῖν AB.

VIII

LE NOUVELLISTE

La λογοποιία est une invention de propos et de faits contraires à la réalité, auxquels le λογοποιός essaie de donner créance[1]. [2] Et voici quelle sorte d'homme est le λογοποιός (le nouvelliste). Rencontre-t-il un ami, aussitôt, l'air épanoui et avec un sourire entendu, il l'interroge : « D'où viens-tu ? Que racontes-tu ? Quoi, tu ne sais rien de l'événement du jour ? » Et, insistant : « On ne raconte aucune nouvelle ? Il y en a pourtant, et d'excellentes. » [3] Puis, sans laisser à l'autre le temps de répondre : « Comment ? Tu n'as rien appris ? Eh bien, je vais te régaler, je crois, de grandes nouveautés. » [4] Et alors, ou bien c'est d'un tel, soldat, qu'il tient la chose, ou bien d'un esclave d'Astéios, le joueur de flûte, ou bien de Lycon l'entrepreneur, tous gens qui ne font qu'arriver de la bataille[2]. Dans ses histoires, il a toujours ainsi des garants qu'on ne saurait attaquer. [5] Il raconte donc, d'après leur témoignage, que Polyperchon et le roi ont été vainqueurs et que Cassandre est prisonnier[3]. [6] Et, si on

1. La seconde partie de cette définition est restituée par conjecture.

2. La bataille, réelle ou imaginaire, dont il va être question dans la suite.

3. Polyperchon, régent de Macédoine après Antipater, fut en guerre avec Cassandre, fils de son prédécesseur, pendant une dizaine d'années (319-309). Des trois rois qui, pendant cette période, occupèrent nominalement le trône de Macédoine, Alexandre IV, Héraclès et

VIII

ΛΟΓΟΠΟΙΙΑΣ

Ἡ δὲ λογοποιία ἐστὶ σύνθεσις ψευδῶν λόγων καὶ πράξεων ὧν <πιστεύεσθαι> βούλεται ὁ λογοποιῶν, [2] ὁ δὲ λογοποιὸς τοιοῦτός τις οἷος ἀπαντήσας τῷ φίλῳ, εὐθὺς καταβαλὼν τὸ ἦθος καὶ μειδιάσας, ἐρωτῆσαι· « πόθεν σύ; » καὶ « λέγεις τί; » καὶ « πῶς <οὐκ> ἔχεις περὶ τοῦδε εἰπεῖν καινόν; » καὶ ἐπιβαλὼν ἐρωτᾶν· « μὴ λέγεταί τι καινότερον; καὶ μὴν ἀγαθά γέ ἐστι τὰ λεγόμενα· » [3] καὶ οὐκ ἐάσας ἀποκρίνασθαι εἰπεῖν· « τί λέγεις; οὐδὲν ἀκήκοας; δοκῶ μοί σε εὐωχήσειν καινῶν λόγων. » [4] Καὶ ἔστιν αὐτῷ ἢ... στρατιώτης ἢ παῖς Ἀστείου τοῦ αὐλητοῦ, ἢ Λύκων ὁ ἐργολάβος, παραγεγονὼς ἐξ αὐτῆς τῆς μάχης, οὗ φησιν ἀκηκοέναι· αἱ μὲν οὖν ἀναφοραὶ τῶν λόγων τοιαῦταί εἰσιν αὐτοῦ ὧν οὐδεὶς ἂν ἔχοι ἐπιλαβέσθαι. [5] Διηγεῖται δέ, τούτους φάσκων λέγειν, ὡς Πολυπέρχων καὶ ὁ βασιλεὺς μάχῃ νενίκηκεν, καὶ Κάσανδρος ἐζώγρηται. [6] Καὶ ἂν εἴπῃ τις αὐτῷ· « σὺ δὲ ταῦτα πιστεύεις; » φήσει <φανερόν> τὸ πρᾶγμα· βοᾶσθαι γὰρ ἐν

VIII 3 πιστεύεσθαι suppl. Diels || 6 οὐκ suppleui || 7 ἐπιβαλὼν scripsi : ὡς ἐπιβαλὼν AB || 10 εὐωχήσειν B : εὐωχῆσαι A || Lacunam post ἢ suspicor in qua fuerit nomen militis || 14 ἐπιλαβέσθαι Casaub. : ἐπιλαθέσθαι AB || δέ B : om. A || 15 μάχῃ B : μάχην A || 17 φάνερον suppl. Cobet.

lui objecte : « Mais tu crois à ces nouvelles ? » il vous répondra que la chose est sûre, que ce n'est qu'un cri par toute la ville, que le bruit prend de plus en plus de consistance, qu'il n'y a pas une voix discordante, qu'on donne partout les mêmes détails et que la bataille a été une véritable boucherie. [7] « Les figures de nos gouvernants en disent, du reste, assez long ; je les vois tout bouleversés ». Il a pu savoir secrètement, ajoute-t-il, qu'ils tiennent caché près d'eux dans une maison un homme qui est revenu, voilà cinq jours déjà, de la Macédoine et qui possède tout le détail des faits. [8] Et à son récit il mêle, de la façon la plus naturelle qu'il peut, des exclamations pathétiques : « Infortuné Cassandre ! Malheureux prince ! Reconnais-tu là les coups de la fortune ? Et pourtant il était bien puissant[4] ! — [9] Ce que je dis là, conclut-il, garde-le pour toi seul ! » Et il court déjà le répandre par toute la ville.

[10] [Ces gens-là m'étonnent ; je me demande quel but ils poursuivent en forgeant ces nouvelles. Car non seulement ils mentent, mais il ne leur en revient aucun profit. [11] Il est arrivé à plusieurs, pendant qu'ils provoquaient autour d'eux un rassemblement dans les bains, d'être dépouillés de leur manteau. D'autres, au moment où sous le Portique[5] ils remportaient force victoires de terre et de mer, ont été condamnés par défaut. [12] D'autres encore, qui en paroles prenaient d'assaut des villes, ont manqué leur dîner. [13] Bien misérable, en vérité, est l'occupation de ces gens-là. Quel est le portique, la boutique, le quartier de l'agora, où ils ne passent tout le jour, poussant à bout leurs auditeurs, [14] tant ils les assomment par leurs impostures[6].]

Philippe Arrhidée, il est malaisé de dire lequel est ici désigné. Vraisemblablement il s'agit du dernier. Voy. édit. de Leipzig, p. LVIII sq.

4. Traduction conjecturale : le texte grec paraît tronqué.

5. Voyez II, 2 et la note.

6. Très supérieure par le style et la pensée aux précédentes, cette moralité a été estimée authentique par de bons juges. Ce n'en est pas moins une amplification de rhétorique, tout à fait étrangère à la manière objective de Théophraste.

τῇ πόλει, καὶ τὸν λόγον ἐπεντείνειν, καὶ πάντας συμφωνεῖν· ταὐτὰ γὰρ λέγειν περὶ τῆς μάχης, καὶ πολὺν τὸν ζωμὸν γεγονέναι· [7] εἶναι δὲ αὐτῷ καὶ σημεῖον τὰ πρόσωπα τῶν ἐν τοῖς πράγμασιν· ὁρᾶν γὰρ αὐτῶν πάντων μεταβεβληκότα. Λέγει δ' ὡς καὶ παρακήκοε παρὰ τούτοις κρυπτόμενόν τινα ἐν οἰκίᾳ, ἤδη πέμπτην ἡμέραν ἥκοντα ἐκ Μακεδονίας, ὃς πάντα ταῦτα οἶδε. [8] Καὶ ἅμα διεξιὼν ὡς οἷόν τε πιθανῶς σχετλιάζει λέγων· « δυστυχὴς Κάσανδρος, ὦ ταλαίπωρος· ἐνθυμῇ τὸ τῆς τύχης; ἀλλ' οὖν ἰσχυρὸς γενόμενος... », [9] καὶ « δεῖ δ' αὐτόν σε μόνον εἰδέναι »· πᾶσι δὲ τοῖς ἐν τῇ πόλει προσδεδράμηκε λέγων.

[10] [Τῶν τοιούτων ἀνθρώπων τεθαύμακα, τί ποτε βούλονται λογοποιοῦντες· οὐ γὰρ μόνον ψεύδονται, ἀλλὰ καὶ ἀλυσιτελῶς ἀπαλλάττουσι· [11] πολλάκις γὰρ αὐτῶν οἱ μὲν ἐν τοῖς βαλανείοις περιστάσεις ποιούμενοι τὰ ἱμάτια ἀποβεβλήκασιν, οἱ δ' ἐν τῇ στοᾷ πεζομαχίᾳ καὶ ναυμαχίᾳ νικῶντες ἐρήμους δίκας ὠφλήκασιν· [12] εἰσὶ δ' οἳ καὶ πόλεις τῷ λόγῳ κατὰ κράτος αἱροῦντες παρεδειπνήθησαν. [13] Πάνυ δὴ ταλαίπωρον αὐτῶν ἐστι τὸ ἐπιτήδευμα· ποίᾳ γὰρ ἐν στοᾷ, ποίῳ δὲ ἐργαστηρίῳ, ποίῳ δὲ μέρει τῆς ἀγορᾶς οὐ διημερεύουσιν, ἀπαυδᾶν ποιοῦντες τοὺς ἀκούοντας; [14] οὕτως καὶ καταπονοῦσι ταῖς ψευδολογίαις.]

18 ἐπεντείνειν B (uix sanum) : ἐπεντείνει A (et in marg. B) || πάντας Casaub. : πάντα B (et A ?) || 19 ταὐτὰ Casaub. : ταῦτα AB || 21 αὐτῶν B : αὐτὸν A || 24 ἅμα correxi : πάντα B ταῦτα πάντα A || ὡς οἷόν τε conieci : πῶς οἴεσθαι AB || πιθανῶς B : om. A || 25 σχετλιάζει Reiske et alii : σχετλιάζειν AB || 26 ἀλλ' οὖν AB : ἄλλως οὖν Auber. Sententia mutila : verbum modo personali desideratur || 27 δεῖ δ' B : δεῖ τ' A || σε recc. : γε AB || 28 προσδεδράμηκε B : προσδεδραμηκέναι A || 29 sqq. Epilogus byzantinus || 29 ποτε B : om. A || 30 ἀλυσιτελῶς recc. : λυσιτελῶς AB || 33 ἐν recc. : om. AB || 34 πόλεις τῷ Casaub. : πλεῖστοι AB || 36 ποίᾳ Casaub. : ποία AB || ἐν Ast : οὐ AB || στοᾷ Casaub. : στοά A στοᾶ B.

IX

L'HOMME SANS SCRUPULES

L'ἀναισχυντία peut être définie le mépris de l'opinion en vue d'un profit honteux. [2] Et voici quelle sorte d'homme est l'ἀναίσχυντος (l'homme sans scrupules)[1]. Premièrement, s'il est une personne qu'il ait frustrée, c'est à celle-là qu'il s'adresse pour un emprunt. Ensuite.... [2]. Le jour où il a sacrifié aux dieux, il va dîner en ville, après avoir fait saler et mettre en conserve les viandes du sacrifice[3]. [3] Là, appelant le serviteur qui l'a accompagné[4], il prend sur la table de la viande et du pain, et lui donne le tout en disant, sans souci qu'on l'entende : « Régale-toi, Tibios. » [4] Va-t-il aux provisions, il rappelle au boucher quelque service rendu, et, posté près de la balance, y jette de préférence un morceau de viande, ou, à défaut, un os pour son bouillon. Si le coup réussit, rien de mieux ; sinon, dérobant sur l'étal un bout de boudin, il s'esquive avec des éclats de rire. [5] Quand il a loué pour le compte d'étrangers, ses hôtes, des places au théâtre, il s'y introduit lui aussi sans avoir payé sa part ; et, le lendemain, il y amène même ses enfants et leur pédagogue[5]. [6] Si

1. Le mot grec ἀναίσχυντος signifie simplement « l'éhonté », mais tout le développement de ce caractère prouve que Théophraste entend ici l'homme sans scrupules en matière d'intérêt.

2. Lacune probable.

3. Quiconque n'était pas un ladre faisait servir ces viandes à un banquet et en distribuait des portions à ses amis.

4. C'était l'usage à Athènes qu'un esclave suivit le maître dans toutes ses sorties. Tibios, nom d'esclave fréquent chez les comiques.

5. On appelait pédagogue l'esclave, chargé d'accompagner au de-

IX

ΑΝΑΙΣΧΥΝΤΙΑΣ

Ἡ δὲ ἀναισχυντία ἐστὶ μέν, ὡς ὅρῳ λαβεῖν, καταφρόνησις δόξης αἰσχροῦ ἕνεκα κέρδους, [2] ὁ δὲ ἀναίσχυντος τοιοῦτος οἷος πρῶτον μέν, ὃν ἀποστερεῖ, πρὸς τοῦτον ἀπελθὼν δανείζεσθαι, εἶτα..... θύσας τοῖς θεοῖς αὐτὸς μὲν δειπνεῖν παρ᾽ ἑτέρῳ, τὰ δὲ κρέα ἀποτιθέναι ἅλσι πάσας· [3] καὶ προσκαλεσάμενος τὸν ἀκόλουθον δοῦναι ἀπὸ τῆς τραπέζης ἄρας κρέας καὶ ἄρτον, καὶ εἰπεῖν ἀκουόντων πάντων· « εὐωχοῦ, Τίβειε »· [4] καὶ ὀψωνῶν δὲ ὑπομιμνῄσκειν τὸν κρεωπώλην, εἴ τι χρήσιμος αὐτῷ γέγονε, καὶ ἑστηκὼς πρὸς τῷ σταθμῷ μάλιστα μὲν κρέας, εἰ δὲ μή, ὀστοῦν εἰς τὸν ζωμὸν ἐμβαλεῖν· καὶ ἐὰν μὲν λάβῃ, εὖ ἔχει, εἰ δὲ μή, ἁρπάσας ἀπὸ τῆς τραπέζης χολίκιον, ἅμα γελῶν ἀπαλλάττεσθαι· [5] καὶ ξένοις δὲ αὑτοῦ θέαν ἀγοράσας μὴ δοὺς τὸ μέρος θεωρεῖν, ἄγειν δὲ καὶ τοὺς υἱεῖς εἰς τὴν ὑστεραίαν καὶ τὸν παιδαγωγόν· [6] καὶ ὅσα ἐωνημένος ἄξιά τις φέρει,

IX 3 ἕνεκα κέρδους B : κέρδους εἵνεκα A || 4 ἀποστερεῖ B : ἀποστερεῖται A || 5 δανείζεσθαι recc. : δανείζεται AB || Post εἶτα lacunam cum Hollando suspicor || 9 Τίβειε Diels : Τίβιε M τίμιε B τιμιώτατε A || 12 Post λάβῃ apodosin insolitam εὖ ἔχει (AB) forsan iure del. Kayser || 14 αὑτοῦ Foss. : αὐτοῦ AB || 15 τοὺς υἱεῖς recc. : τοὺς ὡς εἰς A τοὺς εἰς B.

vous avez fait un marché avantageux, il en réclame une part. [7] Est-il allé emprunter chez un voisin soit de l'orge, soit de la paille, il exige encore du prêteur le transport à domicile. [8] Aux bains, il s'approche des chaudières, y plonge un broc, et, malgré les protestations du baigneur, s'asperge lui-même de la tête aux pieds : « Me voilà lavé, dit-il en partant, et je ne te dois pour cela nul gré ! »

hors les enfants (en particulier à l'école) et de veiller sur leur conduite.

μεταδοῦναι κελεῦσαι καὶ αὐτῷ· [7] καὶ ἐπὶ τὴν ἀλλοτρίαν οἰκίαν ἐλθὼν δανείζεσθαι κριθάς, ποτὲ δὲ ἄχυρα, καὶ ταῦτα τοὺς χρήσαντας ἀναγκάσαι ἀποφέρειν πρὸς αὐτόν. [8] Δεινὸς δὲ καὶ πρὸς τὰ χαλκεῖα τὰ ἐν τῷ βαλανείῳ προσελθὼν καὶ βάψας ἀρύταιναν, βοῶντος τοῦ βαλανέως, αὐτὸς αὑτοῦ καταχέασθαι, καὶ εἰπεῖν ὅτι λέλουται ἀπιὼν καί· « ἐκεῖ οὐδεμία σοι χάρις ».

18 δὲ recc. : om. AB || 19 τοὺς M : om. AB || ἀποφέρειν B : φέρειν A || 20 προσελθὼν B : προσελθεῖν A || 22 καὶ· ἐκεῖ correxi : κακεῖ AB.

X

LE MESQUIN

La mesquinerie est une économie poussée au delà de la mesure. [2] Et voici quelle sorte d'homme est le mesquin [1]. Sans attendre la fin du mois, il va au domicile d'un débiteur lui réclamer une demi-obole [2]. [3] Dans un repas à frais communs [3]..., il s'inquiète du nombre de coupes vidées par chacun des convives, et aucun n'offre aussi parcimonieusement que lui les prémices à Artémis. [4] Si, ayant fait pour lui des achats avantageux, vous lui en présentez le compte : « Superfluités que tout cela », dit-il [4]. [5] Que l'un de ses serviteurs vienne à casser un pot ou un plat, il lui en retient le prix sur sa nourriture. [6] Sa femme a-t-elle laissé tomber un sou, il déplace tout, meubles, lits, coffres, et fouille le plancher. [7] Lorsqu'il met quelque chose en vente, c'est toujours à un prix tel que le profit ne sera pas pour l'acheteur. [8] Défense de cueillir une figue dans son jardin, de traverser ses terres, d'y ramasser une olive ou une datte tombées. [9] Chaque jour, il va vérifier si les bornes de sa propriété sont toujours à leur place. [10] Il

1. Théophraste décrit deux couples d'avares ; le μικρολόγος (X) et l'ἀνελεύθερος (XXII), qui sont des *ladres* ; l'ἀναίσχυντος (IX) et l'αἰσχροκερδής (XXX), qui sont des *cupides*.

2. D'intérêts : en Grèce les intérêts étaient payables par mois.

3. D'*Artémisiastes*, sans doute, c'est-à-dire de chasseurs réunis en corporation sous le patronage d'Artémis.

4. Texte douteux.

X

ΜΙΚΡΟΛΟΓΙΑΣ

Ἔστι δὲ ἡ μικρολογία φειδωλία τοῦ διαφόρου ὑπὲρ τὸν καιρόν, [2] ὁ δὲ μικρολόγος τοιοῦτός τις οἷος ἐν τῷ μηνὶ ἡμιωβόλιον ἀπαιτεῖν ἐλθὼν ἐπὶ τὴν οἰκίαν· [3] καὶ συσσιτῶν .... ἀριθμεῖν τὰς κύλικας πόσας ἕκαστος πέπωκε, καὶ ἀπάρχεσθαι ἐλάχιστον τῇ Ἀρτέμιδι τῶν συνδειπνούντων· [4] καὶ ὅσα μικροῦ τις πριάμενος λογίζεται, περιττὰ φάσκειν εἶναι· [5] καὶ οἰκέτου χύτραν τινὰ ἢ λοπάδα κατάξαντος, εἰσπρᾶξαι ἀπὸ τῶν ἐπιτηδείων. [6] Καὶ τῆς γυναικὸς ἐκβαλούσης τρίχαλκον, οἷος μεταφέρειν τὰ σκεύη καὶ τὰς κλίνας καὶ τὰς κιβωτοὺς καὶ διφᾶν τὰ καλύμματα· [7] καὶ ἐάν τι πωλῇ, τοσούτου ἀποδόσθαι ὥστε μὴ λυσιτελεῖν τῷ πριαμένῳ· [8] καὶ οὐκ ἂν ἐᾶσαι οὔτε συκοτραγῆσαι ἐκ τοῦ αὑτοῦ κήπου, οὔτε διὰ τοῦ αὑτοῦ ἀγροῦ πορευθῆναι, οὔτε ἐλαίαν ἢ φοίνικα τῶν χαμαὶ πεπτωκότων ἀνελέσθαι· [9] καὶ τοὺς ὅρους δ᾽ ἐπισκοπεῖσθαι ὁσημέραι εἰ διαμένουσιν οἱ αὐτοί. [10] Δεινὸς

X 3 ἐν τῷ μηνὶ suspectum || 4 ἐλθὼν add. recc. || 5 συσσιτῶν recc. : ὁ συσσιτῶν AB. Ad lacunam explendam, probabiliter uerbum Ἀρτεμισιασταῖς coniecit Holland || τὰς κύλικας recc. : τε κύλικας AB || 7 περιττὰ Diels : πάντα AB || φάσκειν Casaub. : φάσκων AB || 8 τινὰ Needham : εἶναι AB || 12 τοσούτου recc. : τοσαύτας AB || 13 ἐᾶσαι recc. : ἐάσας AB || 15 χαμαὶ πεπτωκότων B : χαμαικειμένων A.

est homme, dès qu'un débiteur est en retard, à le faire saisir, et à exiger les intérêts des intérêts. [11] Quand il reçoit à sa table les membres de son dème[5], il a soin de faire couper en menus morceaux les viandes qu'il leur sert. [12] Va-t-il aux provisions, il rentre au logis, sans avoir rien acheté. [13] Sa femme n'a le droit de rien prêter, ni sel, ni mèche de lampe, ni cumin, ni origan[6], ni grains d'orge, ni bandelettes[7], ni gâteaux de sacrifices : « Toutes ces bagatelles, dit-il, font une grosse somme à la fin de l'année. » [14] En résumé, on voit chez les individus de cette sorte les coffres à argenterie moisir, les clés se rouiller ; quant à eux, ils portent des manteaux qui n'arrivent pas jusqu'aux cuisses ; une toute petite fiole d'huile leur suffit pour leurs frictions ; ils se font tailler les cheveux ras, et ne se chaussent qu'à partir de midi ; et, quand ils portent leur manteau chez le foulon, ils lui recommandent de n'y pas ménager l'argile, afin qu'il prenne moins rapidement les taches[8].

5. Les dèmes étaient des circonscriptions, nous dirions des *communes* de l'Attique.

6. Le cumin ou anis âcre, l'origan ou marjolaine sauvage : plantes aromatiques dont la cuisine grecque faisait grand usage, comme condiments.

7. Dans les sacrifices, des grains d'orge étaient jetés dans les flammes de l'autel et sur la tête de la victime et distribués aux assistants. Les bandelettes servaient à parer la victime et l'autel.

8. Les foulons ne traitaient pas seulement les étoffes neuves ; ils nettoyaient les vêtements usagés, au moyen de l'argile smectique ou terre à foulon.

δὲ καὶ ὑπερημερίαν πρᾶξαι καὶ τόκον τόκου· [11] καὶ ἑστιῶν τοὺς δημότας μικρὰ τὰ κρέα κόψας παραθεῖναι· [13] καὶ ὀψωνῶν μηδὲν πριάμενος εἰσελθεῖν· [13] καὶ ἀπαγορεῦσαι τῇ γυναικὶ μήτε ἅλας χρηννύναι, μήτε ἐλλύχνιον, μήτε κύμινον, μήτε ὀρίγανον, μήτε ὀλάς, μήτε στέμματα, μήτε θυηλήματα, ἀλλὰ λέγειν ὅτι τὰ μικρὰ ταῦτα πολλά ἐστι τοῦ ἐνιαυτοῦ. [14] Καὶ τὸ ὅλον δὲ τῶν μικρολόγων καὶ τὰς ἀργυροθήκας ἔστιν ἰδεῖν εὐρωτιώσας καὶ τὰς κλεῖς ἰωμένας, καὶ αὐτοὺς δὲ φοροῦντας ἐλάττω τῶν μηρῶν τὰ ἱμάτια, καὶ ἐκ ληκυθίων μικρῶν πάνυ ἀλειφομένους, καὶ ἐν χρῷ κειρομένους, καὶ τὸ μέσον τῆς ἡμέρας ὑποδουμένους, καὶ πρὸς τοὺς κναφεῖς διατεινομένους ὅπως τὸ ἱμάτιον αὐτοῖς ἕξει πολλὴν γῆν, ἵνα μὴ ῥυπαίνηται ταχύ.

18 ἑστιῶν τοὺς Needham : ἑστιῶντας A ἑστιῶν B || 20 χρηννύναι scripsi (cf. V, 10) : χρωννύειν AB || 21 ὀλάς M : οὐλάς AB || 23-30 epitomatoris manum produnt || 26 μηρῶν Stephanus : μικρῶν AB μέτρων recc. || 28 ὑποδουμένους B : ὑπόδδ̆μένους A (quod ὑποδουμ. aut ὑποδυομ. legi potest) ὑπολυομένους recc.

XI

L'INCONGRU

La βδελυρία n'est pas difficile à définir ; c'est une façon de plaisanter choquante et qui s'étale. [2] Et voici quelle sorte d'homme est le βδελυρός (l'incongru)[1]. Rencontre-t-il des femmes libres, il se retrousse de façon à exhiber sa virilité. [3] Au théâtre, il bat des mains quand les autres s'arrêtent ; il siffle les acteurs qui ont la faveur du public ; au milieu du silence général, se renversant en arrière, il lâche un hoquet pour obliger toute l'assistance à se retourner. [4] Sur le marché, à l'heure de la plus grande affluence, il s'approche des boutiques où l'on vend des noix ou des baies de myrte ; et là, debout, il grappille sur l'étal, en faisant la causette avec le marchand. Une personne passe qu'il connaît à peine il l'interpelle par son nom. [5] Une autre arrive d'un air pressé : il l'engage à s'arrêter. [6] Un plaideur sort du tribunal, où il a perdu un gros procès : il l'aborde et lui présente ses félicitations. [7] C'est lui qui fait en personne[2]

1. Le personnage décrit dans ce caractère n'est pas seulement grossier, mal élevé (ce qui est le sens ordinaire du mot βδελυρός) ; c'est en même temps un mauvais plaisant, un farceur. Il m'a semblé que le mot français « incongru » réunissait ces deux sens. Une autre traduction, qui conviendrait mieux peut-être à certains traits, serait « le voyou ».

2. Il n'était pas malséant pour un Athénien d'aller lui-même au marché ; mais il se faisait accompagner, en ce cas, d'un esclave pour rapporter les provisions (IX, 4 ; X, 12 ; XVIII, 2 ; XXII, 7).

XI

ΒΔΕΛΥΡΙΑΣ

Οὐ χαλεπὸν δέ ἐστι τὴν βδελυρίαν διορίσασθαι· ἔστι γὰρ παιδιὰ ἐπιφανὴς καὶ ἐπονείδιστος. [2] Ὁ δὲ βδελυρὸς τοιοῦτος οἷος ἀπαντήσας γυναιξὶν ἐλευθέραις ἀνασυράμενος δεῖξαι τὸ αἰδοῖον· [3] καὶ ἐν θεάτρῳ κροτεῖν, ὅταν οἱ ἄλλοι παύωνται, καὶ συρίττειν οὓς ἡδέως θεωροῦσιν οἱ πολλοί, καὶ ὅταν σιωπήσῃ τὸ θέατρον ἀνακύψας ἐρυγεῖν, ἵνα τοὺς καθημένους ποιήσῃ μεταστραφῆναι· [4] καὶ πληθούσης τῆς ἀγορᾶς προσελθὼν πρὸς τὰ κάρυα ἢ τὰ μύρτα ἑστηκὼς τραγηματίζεσθαι, ἅμα τῷ πωλοῦντι προσλαλῶν· καὶ καλέσαι δὲ τῶν παριόντων ὀνομαστί τινα ᾧ μὴ συνήθης ἐστί· [5] καὶ σπεύδοντας δέ ποι ὁρῶν περιμεῖναι κελεῦσαι· [6] καὶ ἡττωμένῳ δὲ μεγάλην δίκην ἀπιόντι ἀπὸ τοῦ δικαστηρίου

XI 1 Quae de capitis V compositione notauimus hic sunt fere repetenda. Nam, post μέλλει § 8, codices AB (et antiquiores editiones) plures sententias intexunt, nequaquam ad βδελυρίαν sed ad turpem lucri cupiditatem manifesto pertinentes: quae postea, codice Vaticano reperto, in charactere XXX (αἰσχροκερδείας), auctae quidem nonnullis additamentis, iterum et proprio loco lectae sunt (§ 5-16 καὶ οἰνοπωλῶν... μὴ λάβωσι). Itaque eas omnes nunc editores, ut a re alienas, e charactere XI iure detrahunt. Hunc uero ipsum in fine decurtatum esse puto. || 4 ἀνασυράμενος A : ἀνασυρόμενος B || 6 πολλοί B priore manu : λοιποί A (suprascr. B) || 10 Verba ἢ τὰ ἀκρόδρυα AB post μύρτα deleui || 11 παριόντων recc. : παρόντων AB || 12 ποι correxi : που AB || περιμεῖναι κελεῦσαι recc. : om. AB.

son marché, qui loue des joueuses de flûte[3]; et à tous ceux qu'il rencontre il montre ses provisions et les invite à la fête[4]. [8] Il s'arrête devant la boutique du barbier ou du parfumeur, et déclare aux clients qu'il a dessein aujourd'hui de faire bombance.

3. La musique et la danse étaient au premier rang des divertissements par lesquels se terminaient les banquets grecs.

4. Invitation ironique, semble-t-il.

προσελθεῖν καὶ συνησθῆναι· [7] καὶ ὀφωνεῖν αὐτὸς καὶ αὐλητρίδας μισθοῦσθαι, καὶ δεικνύειν δὲ τοῖς ἀπαντῶσι τὰ ὠψωνημένα καὶ παρακαλεῖν ἐπὶ δαῖτα, [8] καὶ διηγεῖσθαι προσστὰς πρὸς κουρεῖον ἢ μυροπώλιον ὅτι μεθύσκεσθαι μέλλει....

14 αὐτὸς Furlanus : ἑαυτὸν AB || 16 ἐπὶ δαῖτα correxi : ἐπὶ ταῦτα AB || 17 πρόσστας Fraenkel-Groeneboom : πρόστας AB.

XII

L'INTEMPESTIF

L'ἀκαιρία est un manque d'à-propos, par lequel on importune les gens à qui on a affaire. [2] Et voici quelle sorte d'homme est l'ἄκαιρος (l'intempestif[1]). Êtes-vous occupé : il vient vous faire ses confidences. [3] Il donne une sérénade à sa belle un jour où elle a la fièvre. [4] A un malheureux qui vient d'être condamné comme caution d'autrui il va demander de le cautionner lui-même[2]. [5] Il se présente au tribunal comme témoin, alors que la cause est déjà jugée. [6] Invité à un repas de noces, il y déblatère contre le sexe féminin. [7] Quelqu'un ne fait qu'arriver d'une longue route : il lui propose une promenade. [8] Au marchand qui vient de conclure marché il amène un acheteur plus offrant. [9] <Dans une assemblée[3]>, après que tout a été bien entendu et compris, il se lève et reprend la question par le commencement. [10] Il s'empresse à rendre des soins qu'on ne désire pas, mais que, par politesse, on n'ose pas refuser. [11] Si des gens, à la suite d'un sacrifice, font un banquet , c'est le moment où il va les trouver pour réclamer des intérêts. [12] Un esclave subit en

1. Je hasarde ce mot (bien qu'il ne se dise ordinairement que des choses), parce que, seul, il rend exactement le grec ἄκαιρος.

2. Le cautionnement était de règle à Athènes dans les prêts, ventes, baux. En cas de non-paiement, la caution était substituée au débiteur dans toutes ses obligations et pouvait être poursuivie à sa place.

3. Ces mots ne sont pas dans le texte grec : le fait se passe dans une assemblée d'affaires, probablement.

4. Voyez IX, 2 n. 3.

XII

ΑΚΑΙΡΙΑΣ

Ἡ μὲν οὖν ἀκαιρία ἐστὶν ἀπότευξις <χρόνου> λυποῦσα τοὺς ἐντυγχάνοντας, [2] ὁ δὲ ἄκαιρος τοιοῦτός τις οἷος ἀσχολουμένῳ προσελθὼν ἀνακοινοῦσθαι· [3] καὶ πρὸς τὴν αὑτοῦ ἐρωμένην κωμάζειν πυρέττουσαν· [4] καὶ δίκην ὠφληκότα ἐγγύης προσελθὼν κελεῦσαι αὐτὸν ἀναδέξασθαι· [5] καὶ μαρτυρήσων παρεῖναι τοῦ πράγματος ἤδη κεκριμένου· [6] καὶ κεκλημένος εἰς γάμους τοῦ γυναικείου γένους κατηγορεῖν· [7] καὶ ἐκ μακρᾶς ὁδοῦ ἥκοντα ἄρτι παρακαλεῖν εἰς περίπατον. [8] Δεινὸς δὲ καὶ προσάγειν ὠνητὴν πλείω διδόντα ἤδη πεπρακότι· [9] καὶ ἀκηκοότας καὶ μεμαθηκότας ἀνίστασθαι ἐξ ἀρχῆς διδάσκων· [10] καὶ προθύμως δὲ ἐπιμεληθῆναι ἃ μὴ βούλεταί τις γενέσθαι, αἰσχύνεται δὲ ἀπείπασθαι· [11] καὶ θύοντας καὶ ἀναλίσκοντας ἥκειν τόκον ἀπαιτήσων· [12]

XII 2 ἀπότευξις χρόνου scripsi : ἐπίτευξις AB. Lectionem corruptam codicum retinuerunt Ast, Foss, Needham, Jebb, per ἔντευξιν (id est congressionem) falso interpretantes : quod uerbum ipsum Dobree et Cobet proposuerunt (cf. XX, 1). Sed genuinam lectionem, collata uirtutis contrariae definitione in [Plat.] *Defin.* 413 c (εὐκαιρία, χρόνου ἐπίτευξις, ἐν ᾧ χρὴ παθεῖν τι ἢ ποιῆσαι), reuocavit Schneider, scribens καιροῦ ἀπότευξις : quibus uerbis ἀπότευξις χρόνου prætuli. Ex eodem testimonio, ἐπίτευξις χρόνου minus apte corrcxerunt Ruge et Holland. || 6 αὐτὸν Foss : αὑτὸν AB || 12 προθύμως Blaydes : πρόθυμος AB || 14 ἥκειν Auber : ἥκων AB.

sa présence la peine du fouet : il raconte qu'un jour l'un de ses serviteurs, ayant été corrigé de la sorte, est allé se pendre. [13] Siégeant comme arbitre, il excite l'une contre l'autre les deux parties, qui ne demanderaient qu'à s'entendre. [14] Au moment d'entrer en danse, il y entraîne de force son voisin, qui n'a bu encore que modérément [5].

5. Le grec dit de façon plus précise : « qui n'est pas encore ivre. » Les bienséances permettaient à un honnête homme de danser à la fin d'un banquet (voyez XV, 10 où il est fait grief à l'arrogant de ce qu'il ne daigne jamais danser) ; mais il fallait pour cela que l'excitation, une pointe d'ivresse servissent d'excuse.

καὶ μαστιγουμένου οἰκέτου παρεστὼς διηγεῖσθαι ὅτι καὶ αὑτοῦ ποτε παῖς οὕτως πληγὰς λαβὼν ἀπήγξατο· [13] καὶ παρὼν διαίτῃ συγκρούειν, ἀμφοτέρων βουλομένων διαλύεσθαι· [14] καὶ ὀρχησόμενος ἅψασθαι ἑτέρου μηδέπω μεθύοντος.

15 αὑτοῦ Foss : αὐτοῦ AB || 17 ὀρχησόμενος Casaub. : ὀρχησάμενος AB.

XIII

L'EMPRESSÉ

L'empressement semble bien être une affectation de zèle dans le langage et dans les actions. [2] Et voici quelle sorte d'homme est l'empressé[1]. Il promet plus qu'il ne saurait tenir. [3] Une proposition a-t-elle été reconnue unanimement comme juste : il élève seul quelque objection, qui est réfutée[2]. [4] <Invité chez autrui[3]>, il contraint l'échanson à préparer plus de vin[4] que n'en boiront les convives. [5] Des gens se battent : il les sépare, fût-ce des inconnus. [6] S'étant offert comme guide par un raccourci, il n'arrive plus ensuite à retrouver son chemin. [7] A l'armée, il va s'informer près du général quel jour se livrera la bataille, et quel sera le mot d'ordre du surlendemain. [8] Il vient prévenir son père que sa mère est déjà au lit. [9] Si le médecin a interdit le vin à un malade, il prétend néanmoins en faire l'expérience et abreuve largement le patient. [10] Une femme vient-elle à décéder : il fait graver sur le monument, outre le nom de la défunte et son lieu de naissance, les noms de son mari, de

1. La traduction la plus exacte du mot grec περίεργος serait « l'homme qui fait du zèle ».

2. On ne saurait dire au juste où se passe cette scène.

3. Mots ajoutés, mais qui me paraissent indispensables au sens.

4. Littéralement « à mélanger plus de vin ». Chez les Grecs, le vin, mélangé d'eau d'avance dans les cratères, était, de là, versé dans les coupes des convives.

XIII

ΠΕΡΙΕΡΓΙΑΣ

Ἀμέλει <ἡ> περιεργία δόξει εἶναι προσποίησίς τις λόγων καὶ πράξεων μετ' εὐνοίας, [2] ὁ δὲ περίεργος τοιοῦτός τις <οἷος> ἐπαγγέλλεσθαι ἃ μὴ δυνήσεται· [3] καὶ ὁμολογουμένου τοῦ πράγματος δικαίου εἶναι ἀνταναστὰς ἐλεγχθῆναι· [4] καὶ πλείω δὲ ἐπαναγκάσαι τὸν παῖδα κεράσαι ἢ ὅσον δύνανται οἱ παρόντες ἐκπιεῖν· [5] καὶ διείργειν τοὺς μαχομένους, καὶ οὓς οὐ γιγνώσκει· [6] καὶ ἀτραποῦ ἡγήσασθαι, εἶτα μὴ δύνασθαι εὑρεῖν οἷ πορεύεται· [7] καὶ τὸν στρατηγὸν προσελθὼν ἐρωτῆσαι πότε μέλλει παρατάττεσθαι, καὶ τί μετὰ τὴν αὔριον παραγγελεῖ· [8] καὶ προσελθὼν τῷ πατρὶ εἰπεῖν ὅτι ἡ μήτηρ ἤδη καθεύδει ἐν τῷ δωματίῳ· [9] καὶ ἀπαγορεύοντος τοῦ ἰατροῦ ὅπως μὴ δώσει οἶνον τῷ μαλακιζομένῳ, φήσας βούλεσθαι διάπειραν λαμβάνειν, εὖ ποτίσαι τὸν κακῶς ἔχοντα· [10] καὶ γυναικὸς δὲ τελευτησάσης ἐπιγράψαι ἐπὶ τὸ μνῆμα τοῦ τε ἀνδρὸς αὐτῆς καὶ τοῦ πατρὸς καὶ

XIII 2 ἡ suppl. Bücheler : om. AB || 4 οἷος recc. : om. AB || ἀναστὰς AB post ἐπαγγέλλεσθαι del. Ast || 5 ἀνταναστὰς Diels : ἔν τινι στὰς AB || 6 ὅσον scripsi : ὅσα AB || 9 οἷ Casaub. : οὗ AB || 11 παραγγελεῖ recc. : παραγγέλλει AB || 13 μαλακιζομένῳ A : καλλωπιζομένῳ B || 14 εὖ ποτίσαι coniec. Foss : εὐτρεπίσαι AB.

son père et de sa mère, avec cette mention : « Tous furent des gens de bien. [5] » [11] Au moment de prêter serment, il dit à ceux qui l'entourent : « Un serment ? j'en ai prêté bien d'autres [6]. »

5. Remarquer ce passé : « tous *furent* », par lequel l'empressé enterre prématurément les survivants.

6. Déclaration qui affaiblit par avance la valeur du serment qu'il va prêter.

τῆς μητρὸς καὶ αὐτῆς τῆς γυναικὸς τοὔνομα καὶ ποδαπή ἐστι, καὶ προσεπιγράψαι ὅτι οὗτοι πάντες χρηστοὶ ἦσαν· [11] καὶ ὀμνύναι μέλλων εἰπεῖν πρὸς τοὺς περιεστηκότας, ὅτι « καὶ πρότερον πολλάκις ὀμώμοκα ».

17 αὐτῆς τῆς recc. : αὖ τῆς AB || 19 περιεστηκότας B : παρεστηκότας A.

XIV

LE STUPIDE

La stupidité, pour la définir, est une lenteur d'esprit dans les paroles et dans les actes. [2] Et voici quelle sorte d'homme est le stupide [1]. Calculant avec des jetons [2], et le total trouvé, il demande à son voisin : « Combien cela fait-il ? » [3] Le jour où il doit se défendre en justice, il oublie son procès et part pour la campagne. [4] Au théâtre, il s'endort au cours du spectacle et reste seul. [5] Ayant trop mangé, il se lève la nuit pour aller à la selle et est mordu par le chien du voisin. [6] Il range lui-même un objet qu'on vient de lui remettre, et le cherche ensuite, sans pouvoir le trouver. [7] Vient-on lui faire part de la mort d'un ami et l'inviter aux obsèques : il prend un air désolé, pleure, puis finit par dire : « Je lui souhaite bonne chance ! » [8] Pour toucher une créance, il se munit de témoins. [9] En plein hiver, il gronde son esclave de ne pas lui avoir acheté de concombres. [10] Forçant ses enfants à s'exercer à la lutte et à la course [3], il ne prend pas garde qu'il les surmène. [11] Aux champs il fait cuire lui-même un plat de lentilles, et, jetant deux fois

1. On pourrait traduire aussi par « le distrait ». Mais ce serait substituer l'effet à la cause.

2. La table à calcul consistait en une planchette, sur laquelle des divisions tracées d'avance séparaient les différents ordres d'unités. On y disposait des jetons et on rendait ainsi sensibles aux yeux des calculs même compliqués. Plusieurs de ces tables (*abaques*) sont parvenues jusqu'à nous.

3. Par hygiène ; mais il ne s'en tient pas à une juste mesure.

XIV

ΑΝΑΙΣΘΗΣΙΑΣ

Ἔστι δὲ ἡ ἀναισθησία, ὡς ὅρῳ εἰπεῖν, βραδυτὴς ψυχῆς ἐν λόγοις καὶ πράξεσιν, [2] ὁ δὲ ἀναίσθητος τοιοῦτός τις οἷος, λογισάμενος ταῖς ψήφοις καὶ κεφάλαιον ποιήσας, ἐρωτᾶν τὸν παρακαθήμενον· « τί γίγνεται ; » [3] καὶ δίκην φεύγων καὶ ταύτην εἰσιέναι μέλλων, ἐπιλαθόμενος εἰς ἀγρὸν πορεύεσθαι· [4] καὶ θεωρῶν ἐν τῷ θεάτρῳ μόνος καταλείπεσθαι καθεύδων· [5] καὶ πολλὰ φαγών, τῆς νυκτὸς ὡς ἐπὶ θᾶκον ἀνιστάμενος, ὑπὸ κυνὸς τῆς τοῦ γείτονος δηχθῆναι· [6] καὶ λαβών <τι> καὶ ἀποθεὶς αὐτός, τοῦτο ζητεῖν καὶ μὴ δύνασθαι εὑρεῖν· [7] καὶ ἀπαγγέλλοντος αὐτῷ ὅτι τετελεύτηκέ τις αὐτοῦ τῶν φίλων, ἵνα παραγένηται, σκυθρωπάσας καὶ δακρύσας εἰπεῖν « ἀγαθῇ τύχῃ. » [8] Δεινὸς δὲ καὶ ἀπολαμβάνων ἀργύριον ὀφειλόμενον μάρτυρας παραλαβεῖν· [9] καὶ χειμῶνος ὄντος μάχεσθαι τῷ παιδί, ὅτι σικύους οὐκ ἠγόρασεν· [10] καὶ τὰ παιδία <τὰ> ἑαυτοῦ παλαίειν καὶ τροχάζειν ἀναγκάζων εἰς κόπον ἐμβαλεῖν· [11] καὶ ἐν ἀγρῷ αὐτὸς φακῆν ἕψων, δὶς

XIV 2 ἔστι δὲ ἡ recc. : ἔστι δὲ καὶ ἡ A ἔστι καὶ ἡ B || 3 λόγοις B : λόγῳ A || 8 ὡς Diels : καὶ (compend.) AB || θᾶκον Wilamowitz : θάκου AB || 9 ἀνιστάμενος B : om. A || 10 τι Gesner : om. AB || 16 τὰ Edmonds : om. AB || παλαίειν καὶ τροχάζειν ἀναγκάζων εἰς scripsi : παλαίειν ἀναγκάζων καὶ τροχάζειν καὶ εἰς AB, ἀναγκάζων transposui, καὶ ante εἰς del. recc. || 17 κόπον ἐμβαλεῖν B : κόπους ἐμβάλλειν A || αὐτὸς recc. : αὐτοῖς AB.

du sel dans la marmite, les rend immangeables. [12] S'il pleut, il vante le charme de la clarté des étoiles[4]..... [13] Quelqu'un lui demande : « Combien de convois, à ton avis, sont passés par la Porte des tombeaux[5] ? — Autant, répond-il, que je t'en souhaiterais, à toi, et à moi ! [6] »

4. Le reste de la phrase est inintelligible. Sens probable : « alors que, de l'avis général, il fait noir comme de la poix. »

5. Porte d'Athènes, qui menait au cimetière du Céramique.

6. « Pensant peut-être à de l'argent ou à des grains » (La Bruyère).

ἄλας εἰς τὴν χύτραν ἐμβαλὼν ἄβρωτον ποιῆσαι· [12] καὶ ὕοντος τοῦ Διὸς εἰπεῖν· † « ἡδύ γε τῶν ἄστρων νομίζει, » ὅτι δὴ καὶ οἱ ἄλλοι λέγουσι πίσσης † .... [13] καὶ λέγοντός τινος· « πόσους οἴει κατὰ τὰς Ἠριαίας πύλας ἐξενηνέχθαι νεκρούς ; » πρὸς τοῦτον εἰπεῖν· « ὅσοι ἐμοὶ καὶ σοὶ γένοιντο. »

19 ἡδύ γε.... πίσσης AB : locus desperatus || 21 Ἠριαίας *Etym. Magn.* s. v. Ἠρία : Ἠρίας Meursius ἱερὰς AB || ἐξενηνέχθαι B : ἐξενεχθῆναι A.

XV

LE BRUTAL

La brutalité est un manque d'aménité dans les relations, qui se manifeste en paroles[1]. [2] Et voici quelle sorte d'homme est le brutal. Si vous lui demandez : « Un tel, où est-il ? » il vous répondra : « Laisse-moi tranquille ! » [3] Le salue-t-on, il ne rend pas la politesse. [4] Lorsqu'il vend quelque chose, au lieu de dire aux acheteurs : « J'en veux tant, » il leur demande : « Combien en offrez-vous ? » [5] Aux personnes qui, pour lui faire honneur aux jours de fêtes[2], lui envoient des cadeaux, il déclare que ce ne sont pas là des dons gratuits[3]. [6] Il n'accepte pas les excuses d'un passant qui, involontairement, l'a poussé, ou lui a marché sur le pied. [7] Un de ses amis l'engage à contribuer à un prêt d'amitié[4] : « Je ne donnerai rien, » répond-il ; ce qui ne l'empêche pas de revenir ensuite apporter sa cotisation, tout en murmurant : « Voilà encore de l'argent perdu ! » [8] Il ne heurte pas sur

1. Peut-être faudrait-il, avec quelques éditeurs, ajouter « et en actes ». Aux §§ 3, 9, 10, 11, en particulier, il s'agit d'actions, non de simples paroles.

2. Il était d'usage, à la suite d'un repas de fête (sacrifice, naissance, mariage, etc.) d'envoyer en présent aux amis des portions de viande. Voy. IX, 2 ; XVII, 2.

3. Parce qu'il lui faudra, à l'occasion, rendre la pareille.

4. Voyez I, 5 et la note.

XV

ΑΥΘΑΔΕΙΑΣ

Ἡ δὲ αὐθάδειά ἐστιν ἀπήνεια ὁμιλίας ἐν λόγοις, [2] ὁ δὲ αὐθάδης τοιοῦτός τις οἷος ἐρωτηθείς· « ὁ δεῖνα ποῦ ἐστιν ; » εἰπεῖν· « πράγματά μοι μὴ πάρεχε »· [3] καὶ προσαγορευθεὶς μὴ ἀντιπροσειπεῖν· [4] καὶ πωλῶν τι μὴ λέγειν τοῖς ὠνουμένοις πόσου ἂν ἀποδοῖτο, ἀλλ' ἐρωτᾶν τί εὑρίσκει· [5] καὶ τοῖς τιμῶσι καὶ πέμπουσιν εἰς τὰς ἑορτὰς εἰπεῖν ὅτι οὐκ ἂν γένοιτο διδόμενα· [6] καὶ οὐκ ἔχειν συγγνώμην οὔτε τῷ ἀπώσαντι αὐτὸν ἀκουσίως οὔτε τῷ ἐμβάντι· [7] καὶ φίλῳ δὲ ἔρανον κελεύσαντι εἰσενεγκεῖν εἰπὼν ὅτι οὐκ ἂν δοίη, ὕστερον ἥκειν φέρων καὶ λέγειν ὅτι ἀπόλλυσι καὶ τοῦτο τὸ ἀργύριον. [8] Καὶ προσπταίσας ἐν τῇ ὁδῷ δεινὸς κατα-

XV 1. Hoc charactere codices AB clauduntur, caeteris capitibus (XVI-XXX) a Vaticano manantibus. De communi trium eorum codicum archetypo uide quae diximus (*Introd.*, p. 28 sqq.). Capitis XV finem esse mutilam cum Dielsio duas ob causas arbitror : « quod et ambitu breuissimum est omnium quae exstant, et ipsis uerbis desiderari nonnulla indicatur. Nam, si quis nouo incursu pergit describere δεινὸς δὲ καί, plura hercle erat additurus quam haec quae nunc exstant τοῖς θεοῖς μὴ ἐπεύχεσθαι » (*Theophrasti characteres*, ed. H. Diels, praefat. p. XXI) || 2 ἐν λόγοις AB : καὶ πράξεσιν add. Herwerden || 5 καὶ recc. : om. AB || 7 Post πέμπουσιν uidetur aliquod uerbum (δῶρα aut μερίδα) cecidisse || 8 ἔχειν Lycius : ἔχων AB || 9 ἀκουσίως A : ἑκουσίως B || Verba οὔτε τῷ ὤσαντι post ἀκουσίως (AB) del. Petersen, Diels.

son chemin un caillou, sans l'accabler d'injures. [9] Il ne saurait attendre longuement personne. [10] Il ne daigne ni chanter, ni réciter des morceaux de poésie, ni danser [5]. [11] Il est homme même à ne pas prier les dieux [6].....

5. Il s'agit de trois sortes de divertissements, usuels dans les banquets.

6. Ce caractère, le plus bref de tous, paraît incomplet.

ράσασθαι τῷ λίθῳ· [9] καὶ οὐκ ἂν ὑπομεῖναι πολὺν χρόνον οὐδένα· [10] καὶ οὔτε ᾆσαι οὔτε ῥῆσιν εἰπεῖν οὔτε ὀρχήσασθαι ἂν ἐθελῆσαι. [11] Δεινὸς δὲ καὶ τοῖς θεοῖς μὴ ἐπεύχεσθαι.....

12 δεινός A : δεινὸν B || 13 καὶ οὐκ ἂν ὑπομεῖναι Reiske : καὶ ἀναμεῖνα οὐκ ἂν ὑπομεῖναι AB || 14 ᾆσαι recc. : ἐάσαι A ἄσαι B || 15 ἐθελῆσαι Diels : θελῆσαι recc. ἠθέλησεν A ἠθέλησε B.

XVI

LE SUPERSTITIEUX

La superstition est, à ce qu'il semble, un sentiment de crainte à l'égard de la puissance divine. [2] Et voici quelle sorte d'homme est le superstitieux. Le jour de la fête des *Choès* [1], s'étant purifié les mains et aspergé d'eau lustrale, il sort du temple avec une branche de laurier entre les dents et se promène toute la journée en cet état. [3] Qu'une belette ait traversé la route [2] : il ne bouge plus, avant d'avoir vu passer une autre personne ou d'avoir lancé trois cailloux par-dessus le chemin qu'a suivi l'animal. [4] A-t-il aperçu dans sa maison un serpent : si c'est un serpent joufflu, il invoque Sabazios [3] ; si c'est un serpent sacré, il élève immédiatement à l'endroit même une chapelle. [5] Quand il passe devant ces pierres ointes que l'on voit dans les carrefours, il y verse toute l'huile de sa fiole et ne s'éloigne qu'après être tombé à genoux et avoir fait le geste d'adoration. [6] Un de ses sacs à farine a-t-il été rongé par une souris : il s'adresse à l'exégète, pour savoir que faire ; et, si l'exégète répond d'y faire mettre une pièce par le corroyeur, il ne se rend pas à cet avis et va

1. Jour néfaste : de même, les 4e et 24e jours du mois (§ 10). Le laurier (§ 2), l'eau de mer (§ 12), l'ail (§ 13), le fait de cracher dans son sein (§ 14) passaient pour avoir une vertu purificatoire.

2. Mauvais présage : de même le cri de la chouette (§ 8), ou un objet rongé par les souris (§ 6).

3. Divinité orientale : cf. XXVII, 8. — Pierres ointes (§ 5) c.-à-d. arrosées d'huile par les dévots. — L'exégète (§ 6) était un interprète des choses divines.

XVI

ΔΕΙΣΙΔΑΙΜΟΝΙΑΣ

Ἀμέλει ἡ δεισιδαιμονία δόξειεν ἂν εἶναι δειλία πρὸς τὸ δαιμόνιον, [2] ὁ δὲ δεισιδαίμων τοιοῦτός τις οἷος, ἐπὶ Χοῶν ἀπονιψάμενος τὰς χεῖρας καὶ περιρρανάμενος, ἀπὸ ἱεροῦ δάφνην εἰς τὸ στόμα λαβών, οὕτω τὴν ἡμέραν περιπατεῖν· [3] καὶ τὴν ὁδὸν ἐὰν ὑπερδράμῃ γαλῆ, μὴ πρότερον πορευθῆναι ἕως <ἂν> διεξέλθῃ τις ἢ λίθους τρεῖς ὑπὲρ τῆς ὁδοῦ διαβάλῃ· [4] καὶ ἐὰν ἴδῃ ὄφιν ἐν τῇ οἰκίᾳ, ἐὰν <μὲν> παρείαν, Σαβάζιον καλεῖν, ἐὰν δὲ ἱερόν, ἐνταῦθα ἱερὸν εὐθὺς ἱδρύσασθαι· [5] καὶ τῶν λιπαρῶν λίθων τῶν ἐν ταῖς τριόδοις παριὼν ἐκ τῆς ληκύθου ἔλαιον καταχεῖν, καὶ ἐπὶ γόνατα πεσὼν καὶ προσκυνήσας ἀπαλλάττεσθαι· [6] καὶ ἐὰν μῦς θύλακον ἀλφίτων διατράγῃ, πρὸς τὸν ἐξηγητὴν ἐλθὼν ἐρωτᾶν τί χρὴ ποιεῖν, καὶ ἐὰν ἀποκρίνηται αὐτῷ ἐκδοῦναι τῷ σκυτοδέψῃ ἐπιρράψαι, μὴ προσέχειν τούτοις, ἀλλ' ἀποτραπεὶς ἐκθύσασ-

XVI Hinc incipit codex Vaticanus || 1 Titulus : ἀπὸ τῶν τοῦ θεοφράστου χαρακτήρων, ις'· χαρακτὴρ δεισιδαιμονίας V || 2 ἂν suppl. recc. : om. V || 3 ἐπὶ Χοῶν Duebner, Foss : ἐπιχρωνῆν V || 6 ὑπερδράμῃ Pauw : περιδράμῃ V || 7 ἂν add. Cobet || διαβάλῃ Sylburg : διαλάβῃ V || 8 μὲν add. Ussing || Σαβάζιον plerique (cf. XXVII, 8) : Σαβάδιον V || 9 ἱερὸν Casaub. ἡρῷον Duebner : ἱερῶον (ι erasum) V || 13 ἀλφίτων recc. : ἀλφίτην V || διατράγῃ Cobet : διαφάγῃ V || 15 ἀποτραπεὶς V : ἀποτροπαίοις Wyttenbach || ἐκθύσασθαι Bernard : ἐκλύσασθαι V.

en le quittant offrir un sacrifice expiatoire. [7] Il est homme à faire sans cesse purifier sa maison, prétendant qu'elle est hantée par Hécate[4]. [8] S'il a entendu sur son chemin le cri d'une chouette, il s'émeut et ne poursuit sa marche qu'après avoir prononcé la formule : « Athéna est plus forte ! » [9] Il évite de marcher sur une tombe, d'approcher d'un mort ou d'une femme en couches : « il tient beaucoup, dit-il, à ne pas se charger d'une souillure. » [10] Tous les quatrième et vingt-quatrième jours du mois, après avoir donné ordre à ses gens de préparer du vin chaud, il sort pour acheter des branches de myrte, de l'encens, des gâteaux sacrés, puis, une fois rentré chez lui, passe tout le jour à couronner les images d'Hermaphrodite. [11] Lorsqu'il a fait un rêve, il se rend chez les interprètes des songes, chez les devins, chez les augures pour apprendre d'eux quel dieu ou quelle déesse il doit invoquer. Chaque mois, pour renouveler son initiation, il va trouver les prêtres orphiques, en compagnie de sa femme (ou, si elle r est pas libre, de la nourrice) et de ses enfants. [12] Il est de ces gens qu'on voit, sur les bords de la mer, se livrer minutieusement à des ablutions. [13] Aperçoit-il quelqu'un de ces hommes porteurs d'une couronne d'ail qu'on rencontre dans les carrefours[5], il rentre chez lui, s'inonde de la tête aux pieds, fait venir les prêtresses et leur demande de le purifier avec un ognon marin ou avec le cadavre d'un jeune chien, portés en cercle autour de lui[6]. [14] A la vue d'un aliéné ou d'un épileptique, il est pris de frisson et crache dans le pli de son vêtement.

4. Déesse des enchantements, sortilèges, apparitions nocturnes.

5. L'usage était d'offrir à Hécate, dans les carrefours, des victuailles qui se corrompaient sur place. Il s'agit, je crois, des hommes chargés d'enlever ces détritus. Le superstitieux se juge souillé par leur rencontre.

6. De façon à former un cercle magique, où le malheur n'entre pas.

θαι. [7] Καὶ πυκνὰ δὲ τὴν οἰκίαν καθῆραι δεινός, Ἑκάτης φάσκων ἐπαγωγὴν γεγονέναι· [8] κἂν γλαῦκες βαδίζοντος αὐτοῦ <ἀνακράγωσι>, ταράττεσθαι, καὶ εἴπας « Ἀθηνᾶ κρείττων » παρελθεῖν οὕτω· [9] καὶ οὔτε ἐπιβῆναι μνήματι οὔτ' ἐπὶ νεκρὸν οὔτ' ἐπὶ λεχὼ ἐλθεῖν ἐθελῆσαι, ἀλλὰ τὸ μὴ μιαίνεσθαι συμφέρον αὑτῷ φῆσαι εἶναι· [10] καὶ ταῖς τετράσι δὲ καὶ ταῖς ἑβδόμαις <φθίνοντος> προστάξας οἶνον ἕψειν τοῖς ἔνδον, ἐξελθὼν ἀγοράσαι μυρρίνας, λιβανωτόν, πόπανα, καὶ εἰσελθὼν εἴσω στεφανοῦν τοὺς Ἑρμαφροδίτους ὅλην τὴν ἡμέραν· [11] καὶ ὅταν ἐνύπνιον ἴδῃ, πορεύεσθαι πρὸς τοὺς ὀνειροκρίτας, πρὸς τοὺς μάντεις, πρὸς τοὺς ὀρνιθοσκόπους, ἐρωτήσων τίνι θεῷ ἢ θεᾷ εὔχεσθαι δεῖ· καὶ τελεσθησόμενος πρὸς τοὺς Ὀρφεοτελεστὰς κατὰ μῆνα πορεύεσθαι μετὰ τῆς γυναικὸς (ἐὰν δὲ μὴ σχολάζῃ ἡ γυνή, μετὰ τῆς τίτθης) καὶ τῶν παίδων. [12] Καὶ τῶν περιρραινομένων ἐπὶ θαλάττης ἐπιμελῶς δόξειεν ἂν εἶναι· [13] κἂν ποτε ἐπίδῃ σκορόδῳ ἐστεμμένον <τινὰ> τῶν ἐπὶ ταῖς τριόδοις, ἀπελθὼν κατὰ κεφαλῆς λούσασθαι, καὶ ἱερείας καλέσας σκίλλῃ ἢ σκύλακι κελεῦσαι αὐτὸν περικαθῆραι· [14] μαινόμενον δὲ ἰδὼν ἢ ἐπίληπτον, φρίξας εἰς κόλπον πτύσαι.

16 καθῆραι Cobet : καθᾶραι V || δεινός Coraï : δεῖν. ὡς V || 18 ἀνακράγωσι suppl. Foss || ταράττεσθαι Coraï : ταράττεται V || 21 μιαίνεσθαι Siebenkees : μαίνεσθαι V || αὑτῷ Foss : αὐτῷ V || φῆσαι Schneider : φήσας V || 22 ἑβδόμαις φθίνοντος corr. et suppl. Immisch : ἑβδόμασι V || 23 μυρρίνας Diels : μυρσίνας V || λιβανωτόν, πόπανα Foss : λιβανωτῶν πίνακα V || 24 στεφανοῦν Siebenkees (forsan melius θύειν στεφανῶν) : στεφανῶν V || Ἑρμαφροδίτους Siebenkees : ἑρμαφρο V (δ'τ supra scr.) (lectio dubia) || 27 θεῷ recc. : θεῶν V || 30-31 Verba καὶ ... εἶναι interpolata uidentur (cf. notam ad VI, 7) || 32 ἐστεμμένον Diels : ἐστεμμένων V || τινὰ suppl. Kayser || 33 ἀπελθὼν recc. : ἀπελθόντων V || 34 αὐτὸν Casaub. : αὑτὸν V || 35 δὲ Blaydes : τε V.

XVII

L'HOMME CHAGRIN

L'humeur chagrine est une critique injustifiée des avantages qu'on a reçus. [2] Et voici quelle sorte d'homme est l'homme chagrin[1]. Un ami lui a-t-il envoyé une part de son repas[2] : « Ton maître, dit-il au porteur, ne m'a sans doute pas jugé digne de sa soupe et de son clairet, puisqu'il ne m'a pas invité. » [3] Sa maîtresse lui prodigue-t-elle les baisers : « Je serais bien étonné, murmure-t-il, si toutes ces tendresses venaient du cœur. » [4] Il s'irrite contre Zeus[3], non de ce qu'il ne pleut pas, mais de ce que la pluie vient si tard. [5] Trouvant sur son chemin une bourse : « Oui, fait-il ; mais un trésor, je n'en ai jamais trouvé ! » [6] S'il a acquis un esclave à bon compte et à force d'instances auprès du vendeur : « Voilà, dit-il, une marchandise à bien bas prix pour être de bonne qualité ! » [7] Vient-on lui apporter l'heureuse nouvelle de la naissance d'un fils : « Ajoute, réplique-t-il, que voilà mon bien réduit de moitié, et tu diras la verité ! » [8] Ayant gagné un procès à l'unanimité des voix, il reproche néanmoins à l'auteur du plaidoyer[4] d'avoir

1. Le terme grec, plus expressif, signifie un homme toujours mécontent de son sort, incapable par suite de goûter les petits bonheurs qui lui échoient.

2. D'un repas de fête. On y conviait les amis les plus intimes ; à d'autres on se contentait d'envoyer une portion de viande. Le personnage de Théophraste se plaint d'être traité en ami de seconde classe.

3. Dieu de l'atmosphère.

4. Il n'y avait pas à Athènes d'avocats proprement dits. La loi

XVII

ΜΕΜΨΙΜΟΙΡΙΑΣ

Ἔστιν ἡ μεμψιμοιρία ἐπιτίμησις παρὰ τὸ προσῆκον τῶν δεδομένων, [2] ὁ δὲ μεμψίμοιρος τοιόσδε τις οἷος, ἀποστείλαντος μερίδα τοῦ φίλου, εἰπεῖν πρὸς τὸν φέροντα· « ἐφθόνησέ μοι τοῦ ζωμοῦ καὶ τοῦ οἰναρίου, οὐκ ἐπὶ δεῖπνον καλέσας »· [3] καὶ ὑπὸ τῆς ἑταίρας καταφιλούμενος εἰπεῖν· « θαυμάζω εἰ σὺ καὶ ἀπὸ τῆς ψυχῆς οὕτω με φιλεῖς »· [4] καὶ τῷ Διὶ ἀγανακτεῖν, οὐ διότι <οὐχ> ὕει, ἀλλὰ διότι ὕστερον· [5] καὶ εὑρὼν ἐν τῇ ὁδῷ βαλλάντιον εἰπεῖν· « ἀλλ' οὐ θησαυρὸν εὕρηκα οὐδέποτε »· [6] καὶ πριάμενος ἀνδράποδον ἄξιον καὶ πολλὰ δεηθεὶς τοῦ πωλοῦντος· « θαυμάζω » εἰπεῖν « ὅ τι ὑγιὲς οὕτω ἄξιον ἐώνημαι »· [7] καὶ πρὸς τὸν εὐαγγελιζόμενον ὅτι· « υἱός σοι γέγονεν » εἰπεῖν ὅτι· « ἂν προσθῇς· καὶ τῆς οὐσίας τὸ ἥμισυ ἄπεστιν, ἀληθῆ ἐρεῖς »· [8] καὶ δίκην νικήσας καὶ λαβὼν πάσας τὰς ψήφους ἐγκαλεῖν τῷ γράψαντι

XVII 2 παρὰ τὸ προσῆκον τῶν δεδομένων Diels : παρὰ τῶν προσή (superscripto compendio dubio) δεδομένων V. De compendio dixerat Löwe : « nescio quid esse possit, nisi : προσήρου e corr. ». Id uero ualere κ'τ asserit Diels : ita ut, si priorem accentum super η positum serues, προσήκοντα habeas ; sin alterum, προσηκόντων legondum sit. Inde τὸ προσῆκον τῶν Diels scite restituit. παρὰ τὸ προσῆκον δεδομένων recc. || 5 ἐφθόνησε Pauw : ἐφθονήσας V || 8 οὐχ add. Needham || 14 ἄπεστιν recc. : ἀπέστην V || δίκην Casaub. : νίκην V || 15 ἐγκαλεῖν Stephanus : ἐλκαγεῖ V.

négligé nombre de raisons. [9] Ses amis s'étant cotisés pour un prêt d'amitié en sa faveur[5] : « Allons, sois satisfait », lui dit l'un d'eux. — Et de quoi ? réplique-t-il. De ce qu'il me faudra rembourser chacun des prêteurs et, outre cela, leur devoir encore de la reconnaissance à titre d'obligé ? »

obligeait les parties à défendre elles-mêmes leur cause. Mais la plupart des plaideurs tournaient cette loi gênante, en recourant aux services d'un *logographe*, c.-à-d. d'un professionnel qui, moyennant salaire, se chargeait de leur rédiger un plaidoyer qu'ils n'avaient qu'à apprendre par cœur et à débiter.

5. Voyez I, 5 et la note.

τὸν λόγον, ὡς πολλὰ παραλελοιπότι τῶν δικαίων· [9] καὶ ἐράνου εἰσενεχθέντος παρὰ τῶν φίλων καὶ φήσαντός τινος· « ἱλαρὸς ἴσθι », « καὶ πῶς ; » εἰπεῖν « ὅτε δεῖ τἀργύριον ἀποδοῦναι ἑκάστῳ καὶ χωρὶς τούτων χάριν ὀφείλειν ὡς εὐεργετημένον ; »

18 ὅτε Casaub. : ὅτι V.

XVIII

LE DÉFIANT

La défiance est une disposition à soupçonner tout le monde de malhonnêteté. [2] Et voici quelle sorte d'homme est le défiant. Ayant envoyé aux provisions un de ses esclaves, il le fait suivre d'un second, chargé de s'informer des prix qu'elles ont coûté. [3] En voyage il porte lui-même [1] son argent et s'arrête à chaque stade pour en vérifier le compte. [4] Étant déjà au lit, il demande à sa femme si elle a fermé le coffre-fort, si le meuble de l'argenterie est scellé, si on a poussé le verrou de la porte de la cour : et, malgré la réponse affirmative, il n'en saute pas moins, tout dévêtu, hors de son lit, allume sa lampe, et fait pieds nus sa ronde pour tout contrôler ; et c'est à grand peine encore qu'après cela il s'endort. [5] Lui doit-on de l'argent, il en réclame les intérêts devant témoins, pour que les débiteurs ne puissent, le cas échéant, nier le capital [2]. [6] Il donne son manteau à blanchir, non au meilleur foulon, mais à celui qui lui fournit caution valable [3]. [7] Quand on vient pour lui emprunter de l'argenterie, en règle générale il refuse ; il faut pour qu'il y consente que l'emprunteur soit un parent ou un ami intime, et peu s'en faut que d'abord il n'éprouve au feu [4] et ne pèse chaque pièce, et volontiers il demanderait caution. [8] A l'esclave qui l'ac-

1. Au lieu de confier la bourse à un esclave, comme on le faisait d'ordinaire (XXIII, 8).

2. J'ai dû développer un peu le sens probable de cette phrase.

3. Voyez X, 14, et la note.

4. Entendez : « peu s'en faut qu'il n'éprouve au feu le titre de l'or ».

XVIII

ΑΠΙΣΤΙΑΣ

῎Εστιν ἀμέλει ἡ ἀπιστία ὑπόληψίς τις ἀδικίας κατὰ πάντων, [2] ὁ δὲ ἄπιστος τοιοῦτός τις οἷος, ἀποστείλας τὸν παῖδα ὀψωνήσοντα, ἕτερον παῖδα πέμπειν τὸν πευσόμενον πόσου ἐπρίατο· [3] καὶ φέρων αὐτὸς τὸ ἀργύριον, κατὰ στάδιον καθίζων ἀριθμεῖν πόσον ἐστίν· [4] καὶ τὴν γυναῖκα τὴν αὐτοῦ ἐρωτᾶν κατακείμενος εἰ κέκλεικε τὴν κιβωτόν, καὶ εἰ σεσήμανται τὸ κυλικεῖον, καὶ εἰ ὁ μοχλὸς εἰς τὴν θύραν τὴν αὐλείαν ἐμβέβληται, καὶ ἂν ἐκείνη φῇ, μηδὲν ἧττον αὐτὸς ἀναστὰς γυμνὸς ἐκ τῶν στρωμάτων καὶ ἀνυπόδητος τὸν λύχνον ἅψας ταῦτα πάντα περιδραμὼν ἐπισκέψασθαι, καὶ οὕτω μόλις ὕπνου τυγχάνειν· [5] καὶ τοὺς ὀφείλοντας αὐτῷ ἀργύριον μετὰ μαρτύρων ἀπαιτεῖν τοὺς τόκους, ὅπως μὴ δύναιντο ἔξαρνοι γενέσθαι. [6] Καὶ τὸ ἱμάτιον δὲ ἐκδοῦναι δεινός, οὐχ ὃς βέλτιστα ἐργάσεται, ἀλλ' ὅταν ᾖ ἄξιος ἐγγυητὴς τοῦ κναφέως· [7] καὶ ὅταν ἥκῃ τις αἰτησόμενος ἐκπώματα, μάλιστα μὲν μὴ δοῦναι, ἂν δ' ἄρα τις οἰκεῖος ᾖ καὶ ἀναγκαῖος, μόνον οὐ πυρώσας καὶ στήσας καὶ σχεδὸν ἐγγυητὴν λαβὼν χρῆσαι· [8] καὶ τὸν παῖδα δὲ ἀκολουθοῦντα κελεύειν

XVIII 2 ἡ M : om. V || 5 καὶ V post ἀργύριον del. Needham || 8 κυλικεῖον Galeus : κυνούχιον Casaub. Th. Reinach κυλιούχιον V || 15 ὃς Salmasius : ὡς V || ἐργάσεται recc. : ἐργάσηται (η correcto ex ε) V || 19 χρῆσαι Schneider : χρήσει V.

compagne il ordonne de marcher devant lui, et non derrière, de façon à le surveiller et à empêcher qu'il ne s'échappe en route [5]. [9] Si un acheteur lui demande : « Quand pourrai-je te payer ? Le temps me manque en ce moment », il répond : « Ne te mets pas en peine ; je t'accompagnerai dans tes courses, jusqu'à ce que tu aies le temps. »

5. C'était en effet une tentation constante, surtout pour l'esclave mal traité, que de s'enfuir. Pendant la guerre du Péloponnèse, plus de vingt mille esclaves athéniens (la plupart employés, il est vrai, aux durs travaux des mines du Laurion) désertèrent et gagnèrent le camp lacédémonien de Décélie (Thuc. VII, 27).

αὐτοῦ ὄπισθεν μὴ βαδίζειν, ἀλλ' ἔμπροσθεν, ἵνα φυλάττῃ αὐτόν, μὴ ἐν τῇ ὁδῷ ἀποδρᾷ· [9] καὶ τοῖς εἰληφόσι τι παρ' αὐτοῦ καὶ λέγουσι· « ποῦ καταθῶ; οὐ γὰρ σχολάζω πω » εἰπεῖν· « μηδὲν πραγματεύου· ἐγὼ γὰρ <ἕως> ἂν σὺ σχολάσῃς συνακολουθήσω. »

20 αὐτοῦ Diels : αὑτοῦ V || φυλάττῃ Hirschig : φυλάττηται V || 21 αὐτόν Needham : αὐτῷ V || ἀποδρᾷ Cobet : ἀποδράσῃ V || 22 ποῦ καταθῶ; Madvig : πόσου, κατάθου V || 23 εἰπεῖν Madvig : πέμπειν V || ἕως add. Madvig.

XIX

LE RÉPUGNANT

La δυσχέρεια est une négligence des soins corporels, par laquelle on incommode autrui. [2] Et voici quelle sorte d'homme est le δυσχερής (le répugnant[1]). Il ne craint pas, malgré sa lèpre, ses dartres, ses ongles tout noirs de mal, de se montrer en public : ce sont là, dit-il, des infirmités héréditaires ; avant lui, son père et son grand-père les ont eues, en sorte qu'il ne serait pas facile d'introduire par fraude un étranger dans la famille. [3] Quand il a aux jambes quelque plaie ou une écorchure aux doigts, il la laisse, faute de soins, s'envenimer. Il a les aisselles velues comme une bête jusqu'à mi-flanc, les dents noires et rongées [ce qui rend son abord fort déplaisant]. [4] Autres traits du même genre. Il se mouche en mangeant[2]. Dans un sacrifice, il s'éclabousse du sang de la victime[3]. En causant, il vous asperge de salive. Après avoir bu, il vous rote au nez. [5] Il va dormir dans un lit malpropre aux côtés de sa femme. [6] Au bain il se sert d'une huile rance, et..... [4]

[7] Une tunique épaisse, un manteau léger et tout couvert

1. Ou le « malpropre »; mais le mot grec (δυσχερής) exprime lui aussi l'effet, non la cause.

2. Il importe de se rappeler que l'usage du mouchoir était inconnu des anciens.

3. Texte conjectural.

4. Ici un verbe altéré. — Il est évident, en outre, que toute la fin de ce chapitre (§§ 7-11) n'est pas à sa place.

XIX

ΔΥΣΧΕΡΕΙΑΣ

Ἔστιν ἡ δυσχέρεια ἀθεραπευσία σώματος λύπης παρασκευαστική, [2] ὁ δὲ δυσχερὴς τοιοῦτός τις οἷος λέπραν ἔχων καὶ ἀλφὸν καὶ τοὺς ὄνυχας μέλανας περιπατεῖν, καὶ φῆσαι ταῦτα εἶναι αὐτῷ συγγενικὰ ἀρρωστήματα· ἔχειν γὰρ αὑτοῦ καὶ τὸν πατέρα καὶ τὸν πάππον, καὶ οὐκ εἶναι ῥᾴδιον ἄλλον εἰς τὸ γένος ὑποβάλλεσθαι. [3] Ἀμέλει δὲ δεινὸς καὶ ἕλκη ἔχειν ἐν τοῖς ἀντικνημίοις καὶ προσπταίσματα ἐν τοῖς δακτύλοις, καὶ μὴ θεραπεῦσαι, ἀλλ' ἐᾶσαι θηριωθῆναι· καὶ τὰς μασχάλας δὲ θηριώδεις καὶ δασείας ἔχειν ἄχρι ἐπὶ πολὺ τῶν πλευρῶν καὶ τοὺς ὀδόντας μέλανας καὶ ἐσθιομένους [ὥστε δυσέντευκτος εἶναι καὶ ἀηδής]. [4] καὶ τὰ τοιαῦτα· ἐσθίων ἀπομύττεσθαι· θύων αἱμάξασθαι· προσλαλῶν ἀπορραίνειν ἀπὸ τοῦ στόματος· ἅμα πιὼν προσερυγγάνειν· [5] ἐν ἀνίπτοις τοῖς στρώμασι μετὰ τῆς γυναικὸς <τῆς> αὑτοῦ κοιμᾶσθαι· [6] ἐλαίῳ σαπρῷ ἐν βαλανείῳ χρώμενος † σφύζεσθαι.

[7] Καὶ χιτωνίσκον παχὺν καὶ ἱμάτιον σφόδρα λεπτὸν καὶ

XIX 4 μέλανας Herwerden : μεγάλους V || 5 αὑτοῦ correxi : αὐτὸν V || 6 ἄλλον Ruge : αὐτὸν V || 11-12 ὥστε ... ἀηδής. Insulsum interpolamentum || 13 αἱμάξασθαι coni. Meister : ἅμα δ' ἄρξασθαι V || ἀπορραίνειν Cobet : ἀπορρίπτειν V || 14 ἐν ἀνίπτοις τοῖς conieci : ἀναπίπτοντος ἐν τοῖς V || 15 τῆς addidi || αὑτοῦ scripsi : αὐτοῦ V || 16 σφύζεσθαι V corruptum || 17-25 Quae sequuntur omnia (καὶ χιτωνίσκον.... οἰνοχόῳ) ab hoc capite aliena esse patet.

de taches, voilà la tenue qu'il met pour se rendre à l'agora [5]. [8] Chez l'augure que sa mère est allée consulter, il prononce des paroles sinistres [6]. [9] Au milieu de personnes occupées à un sacrifice et à des prières, il laisse tomber la coupe [8] et rit de la chose comme d'une bonne plaisanterie. [10] Écoutant une joueuse de flûte, il est le seul des assistants à battre des mains, il fredonne l'air et reproche à l'artiste de s'arrêter si tôt. [11] Et, voulant cracher par-dessus la table, il crache sur l'échanson.

5. Il revêt donc à la fois un vêtement d'hiver et un vêtement d'été et prend plaisir à étaler ses taches. Trait qui convient bien plutôt au mauvais plaisant (Car. XI) qu'au malpropre.

6. Propres à attirer la colère divine.

7. La coupe qui servait aux libations.

κηλίδων μεστὸν ἀναβαλλόμενος εἰς ἀγορὰν ἐξελθεῖν· [8] καὶ εἰς ὀρνιθοσκόπου τῆς μητρὸς ἐξελθούσης βλασφημῆσαι· [9] καὶ εὐχομένων καὶ σπενδόντων ἐκβαλεῖν τὸ ποτήριον, καὶ γελάσαι ὥσπερ ἀστεῖόν τι πεποιηκώς· [10] καὶ αὐλούμενος δὲ κροτεῖν ταῖς χερσὶ μόνος τῶν ἄλλων, καὶ συντερετίζειν καὶ ἐπιτιμᾶν τῇ αὐλητρίδι τί οὕτω ταχὺ ἐπαύσατο· [11] καὶ ἀποπτύσαι δὲ βουλόμενος ὑπὲρ τῆς τραπέζης, προσπτύσαι τῷ οἰνοχόῳ.

19 εἰς ὀρνιθοσκόπου recc. : εἰς ἐξ ὀρινθοσκόπου V || 20 ἐκβαλεῖν Casaub. : ἐμβαλεῖν V || 21 ὥσπερ ἀστεῖόν τι Bernard : ὡς τεράστιόν τι V || 23 τί οὕτω ταχὺ ἐπαύσατο Ribbeck : τί οὐ ταχὺ παύσαιτο V.

XX

LE FACHEUX

L'ἀηδία, si on veut la définir, est un commerce qui cause au prochain, non du tort, mais de l'ennui. [2] Et voici quelle sorte d'homme est l'ἀηδής (le fâcheux[1]). Une personne est dans son premier sommeil : il entre et la réveille pour lui parler. [3] Telle autre est juste sur le point de s'embarquer : il la retient. [4] Vous venez pour le voir : il vous prie d'attendre la fin de sa promenade. [5] <Se trouvant chez un ami>, il prend l'enfant des bras de sa nourrice, le fait manger en lui mâchant lui-même les aliments[2], lui prodigue les petits noms, imite le bruit des baisers et l'appelle « bijou de papa ». [6] A table, il raconte qu'ayant pris de l'ellébore, il a évacué par en haut et par en bas, et que la bile contenue dans ses déjections était plus noire que la sauce qui est là sur la table. [7] Il est homme à demander, en présence des serviteurs : « Dis-moi, maman, quelles étaient tes impressions le jour de ma naissance, pendant ton accouchement ? » [8] Puis, répondant lui-même à la place de sa mère, il dit que c'était joie et souffrance à la fois, mais que ces deux contraires sont le lot commun de l'humanité[3]. [9] <Invité chez autrui>, il raconte qu'il a chez lui une citerne dont l'eau est très fraîche ; que son jardin produit en abondance les légumes les plus tendres ;

1. Cf. Car. XII.

2. Selon la coutume des nourrices grecques, qui trituraient d'abord les aliments dans leur bouche, avant de les présenter au nourrisson.

3. Plusieurs détails, dans ces deux derniers paragraphes, sont fort douteux : texte conjectural.

XX

ΑΗΔΙΑΣ

Ἔστιν ἡ ἀηδία, ὡς ὅρῳ λαβεῖν, ἔντευξις λύπης ποιητικὴ ἄνευ βλάβης, [2] ὁ δὲ ἀηδὴς τοιοῦτός τις οἷος ἐγείρειν ἄρτι καθεύδοντα εἰσελθών, ἵνα αὐτῷ λαλῇ· [3] καὶ ἀνάγεσθαι δὴ μέλλοντας κωλύειν· [4] καὶ προσελθόντων δεῖσθαι ἐπισχεῖν, ἕως ἂν περιπατήσῃ· [5] καὶ τὸ παιδίον τῆς τίτθης ἀφελόμενος, μασώμενος σιτίζειν αὐτὸς καὶ ὑποκορίζεσθαι ποππύζων καὶ παίγνιον τοῦ παππίου καλῶν· [6] καὶ ἐσθίων δὲ ἅμα διηγεῖσθαι ὡς ἐλλέβορον πιὼν ἄνω καὶ κάτω ἐκαθάρθη καὶ ζωμοῦ τοῦ παρακειμένου ἐν τοῖς ὑποχωρήμασιν αὐτῷ μελαντέρα ἡ χολή· [7] καὶ ἐρωτῆσαι δὲ δεινὸς ἐναντίον τῶν οἰκετῶν· « εἴπ' ὦ μάμμη, ὅτ' ὤδινες καὶ ἔτικτές με, τίς ἡμέρα ; » [8] καὶ ὑπὲρ αὐτῆς δὲ λέγειν ὡς ἡδύ ἐστι καὶ <λυπηρὸν>, ἀμφότερα δὲ οὐκ ἔχοντα οὐ ῥᾴδιον ἄνθρωπον λαβεῖν· [9] καὶ <κληθεὶς δ' ἐπὶ δεῖπνον διηγεῖσθαι> ὅτι ψυχρὸν ὕδωρ ἐστὶ παρ' αὐτῷ λακκαῖον, καὶ ὡς κῆπος λάχανα πολλὰ ἔχων καὶ ἁπαλά, καὶ μάγειρος εὖ τὸ ὄψον

XX 5 προσελθόντων Immisch : προσελθὼν V || 6 περιπατήσῃ V : ἀποπατήσῃ Sylburg || 8 παίγνιον Herwerden : πανουργῖ V || παππίου scripsi : πάππου V || 9 ἐκαθάρθη correxi : καθαρθείη V || 12 οἰκετῶν P. L. Courier : οἰκείων V || εἴπ' ὦ Diels : εἴπου (superscripto ερ) V || 14 λυπηρὸν addidi : ἀνιαρὸν Fraenkel-Groeneboom || 15 κληθεὶς δ' ἐπὶ δεῖπνον διηγεῖσθαι, Fossium secutus, suppleui || 17 Verba ὥστε εἶναι ψυχρόν post ἁπαλά V del. Bloch ; eadem uero Fossius post λακκαῖον collocat et ita supplet ὥστε <ἀεὶ καὶ τὸν οἶνον> εἶναι ψυχρόν.

qu'il a à son service un cuisinier, qui prépare des plats excellents ; que sa maison est une véritable auberge, car elle ne désemplit pas ; que ses amis sont comme le tonneau percé de la fable[4] : il a beau les obliger, il n'arrive pas à les contenter. [10] Quand c'est lui-même qui reçoit à sa table, il fait valoir devant les invités les talents de son parasite[5] ; et, les provoquant à boire, il leur déclare qu'on a pris toutes les mesures pour leur agrément, qu'ils n'ont qu'un signe à faire pour que l'esclave aille au lupanar chercher une joueuse de flûte : « elle nous fera de la musique, ajoute-t-il, et nous prendrons du bon temps[6] ».

4. Le tonneau des Danaïdes.

5. Les parasites étaient des bouffons qui, dans les banquets, payaient leur écot en saillies et bons mots. Parfois, comme ici, les riches avaient un bouffon attitré, qui faisait partie de la maison.

6. Les courtisanes grecques joignaient généralement à leur métier principal celui de musiciennes et de danseuses.

σκευάζων, καὶ ὅτι ἡ οἰκία αὐτοῦ πανδοκεῖόν ἐστι, μεστὴ γὰρ ἀεί, καὶ τοὺς φίλους αὐτοῦ εἶναι τὸν τετρημένον πίθον, εὖ ποιῶν γὰρ αὐτοὺς οὐ δύνασθαι ἐμπλῆσαι· [10] καὶ ξενίζων δὲ δεῖξαι τὸν παράσιτον αὐτοῦ ποῖός τίς ἐστι τῷ συνδειπνοῦντι, καὶ παρακαλῶν δὲ ἐπὶ τοῦ ποτηρίου εἰπεῖν ὅτι τὸ τέρψον τοὺς παρόντας παρεσκεύασται, καὶ ὅτι αὐλητρίδα, ἐὰν κελεύσωσιν, ὁ παῖς μέτεισι παρὰ τοῦ πορνοβοσκοῦ ἤδη, « ὅπως πάντες ὑπ' αὐτῆς αὐλώμεθα καὶ εὐφραινώμεθα. »

19 ἀεί Jebb : ἐστι V || 22 ποτηρίου Casaub. : πο superscripto τ'ρ V || 23 αὐλητρίδα conieci : αὐτὴν V || 25 ὅπως Siebenkees : πῶς V.

XXI

LE VANITEUX

La vanité est, semble-t-il, un désir mesquin de distinctions. [2] Et voici quelle sorte d'homme est le vaniteux. Invité à un repas, il s'efforce d'y avoir la première place auprès de son hôte. [3] Il emmène son fils à Delphes pour lui faire couper les cheveux [1]. [4] Il se fait accompagner dans ses sorties d'un esclave nègre. [5] Quand il rembourse une mine d'argent, il effectue le paiement entier en monnaie neuve. [6] Il a chez lui un geai apprivoisé, auquel il a acheté une petite échelle et fabriqué un petit bouclier d'airain, pour que l'oiseau sautille, ainsi équipé, sur son échelle. [7] A-t-il sacrifié un bœuf, il cloue devant l'entrée de sa maison la peau de la tête de l'animal, enveloppée d'immenses bandelettes, de façon que les visiteurs voient bien qu'il a sacrifié un bœuf. [8] Au retour d'une procession à laquelle il a pris part comme cavalier, il remet à son esclave tout le reste de son équipement pour qu'il le rapporte à la maison, mais, après avoir mis son manteau [2], va se promener, en éperons, sur l'agora. [9] Si un petit chien de Malte qu'il possédait vient à mourir, il lui élève un monument avec une stèle minuscule où sont gravés ces mots : « Branchette, originaire de Malte. » [10] A-t-il dédié en ex-voto dans le temple d'Asclépios un doigt d'airain, tous les jours il le fourbit, l'orne de fleurs, l'arrose de parfums [3]. [11] Étant prytane, il intrigue

1. Il s'agit des longs cheveux que les jeunes Athéniens portaient jusqu'à l'âge de la puberté. Ils les consacraient alors à une divinité de la ville, généralement à Héraclès. C'est par une sotte vanité que notre personnage fait pour cette cérémonie le voyage de Delphes.

2. C'est-à-dire après avoir repris la tenue civile.

3. En reconnaissance d'un doigt guéri.

XXI

ΜΙΚΡΟΦΙΛΟΤΙΜΙΑΣ

Ἡ δὲ μικροφιλοτιμία δόξει εἶναι ὄρεξις τιμῆς ἀνελεύθερος, [2] ὁ δὲ μικροφιλότιμος τοιοῦτός τις οἷος σπουδάσαι, ἐπὶ δεῖπνον κληθείς, παρ' αὐτὸν τὸν καλέσαντα κατακείμενος δειπνῆσαι· [3] καὶ τὸν υἱὸν ἀποκεῖραι ἀγαγεῖν εἰς Δελφούς· [4] καὶ ἐπιμεληθῆναι δὲ ὅπως αὐτῷ ὁ ἀκόλουθος Αἰθίοψ ἔσται· [5] καὶ ἀποδιδοὺς μνᾶν, ἀργυρίου καινοῦ πᾶσαν ἀποδοῦναι· [6] καὶ κολοιῷ δὲ ἔνδον τρεφομένῳ δεινὸς κλιμάκιον πρίασθαι, καὶ ἀσπίδιον χαλκοῦν ποιῆσαι, ὃ ἔχων ἐπὶ τοῦ κλιμακίου ὁ κολοιὸς πηδήσεται· [7] καὶ βοῦν θύσας, τὸ προμετωπίδιον ἀπαντικρὺ τῆς εἰσόδου προσπατταλεῦσαι, στέμμασι μεγάλοις περιδήσας, ὅπως οἱ εἰσιόντες ἴδωσιν ὅτι βοῦν ἔθυσε· [8] καὶ πομπεύσας μετὰ τῶν ἱππέων, τὰ μὲν ἄλλα πάντα δοῦναι τῷ παιδὶ ἀπενεγκεῖν οἴκαδε, ἀναβαλόμενος δὲ θοἰμάτιον ἐν τοῖς μύωψι κατὰ τὴν ἀγορὰν περιπατεῖν· [9] καὶ κυναρίου δὲ Μελιταίου τελευτήσαντος, αὐτῷ μνῆμα ποιήσας καὶ στηλίδιον, ἐπιγράψαι « Κλάδος Μελιταῖος ». [10] καὶ ἀναθεὶς δάκτυλον χαλκοῦν ἐν τῷ Ἀσκληπιείῳ, τοῦτον ἐκτρίβειν, στεφανοῦν, ἀλείφειν ὁσημέραι· [11] ἀμέλει δὲ καὶ διοικήσασθαι παρὰ τῶν συμπρυτά-

XXI 5 ἀγαγεῖν Foss : ἀγαγὼν V || 7 ἀργυρίου corr. ex ἀργύριον V || καινοῦ πᾶσαν conieci : καινὸν ποιῆσαι V || 11 προσπατταλεῦσαι recc. : προσπατταλῶσαι V || 14 ἀναβαλόμενος Meier : ἀναβαλλόμενος V || 17 ποιήσας καὶ στηλίδιον, ἐπιγράψαι Petersen : ποιήσας καὶ στηλίδιον ποιήσας ἐπιγράψαι V || 18 δάκτυλον Naber : δακτύλιον V || 19 στεφανοῦν Giesecke : στεφανοῦντα V || 20 διοικήσασθαι παρὰ τῶν συμπρυτάνεων Herwerden : συνδιοικήσασθαι παρὰ τῶν πρυτάνεων V.

auprès de ses collègues pour être chargé du rapport sur les sacrifices. Vêtu d'un manteau éclatant et la tête couronnée, il s'avance en public : « Citoyens d'Athènes, dit-il, nous prytanes[4], avons offert à la Mère des dieux le sacrifice des Galaxia[5] ; ce sacrifice est favorable ; puissiez-vous en recueillir les fruits ». Et la proclamation faite, il rentre au logis pour raconter à sa femme le succès prodigieux qu'il a remporté[6].

V, 6-10 [6] Il se fait sans cesse tailler les cheveux ; il prend grand soin de la blancheur de ses dents ; ses manteaux sont encore en très bon état quand il les quitte ; il se parfume. [7] Sur l'agora, c'est auprès des comptoirs des banquiers qu'on le rencontre. Parmi les gymnases il fréquente surtout ceux où s'exercent les éphèbes. Les jours de représentation au théâtre, il va s'asseoir dans le voisinage des stratèges. [8] S'il n'achète rien pour son compte, il se charge de commissions pour les étrangers, et leur expédie <des olives[7]> à Byzance, des chiens de Laconie à Cyzique, du miel de l'Hymette à Rhodes, et il tient toute la ville au courant de ses opérations. [9] Il est homme à élever un singe, à acheter un *tityros*[8], des colombes de Sicile, des osselets de gazelle, des fioles bombées de Thurium, des cannes torses à la mode lacédémonienne, un tapis à personnages représentant des Perses. Il possède aussi une petite palestre avec une arène et un jeu de paume ; [10] et il va par toute la ville l'offrir aux philosophes, aux sophistes, aux maîtres d'armes, aux musiciens pour leurs séances publiques ; et lui-même a soin d'arriver en retard pendant les séances, afin que les spectateurs se disent les uns aux autres : « C'est le maître de la palestre ».

4. Les 50 sénateurs qui, pendant la dixième partie de l'année (*prytanie*), formaient le comité permanent du Conseil des 500.

5. Fête en l'honneur de Cybèle, où on offrait à la déesse un gâteau fait avec du lait.

6. Les paragraphes qui suivent se lisent dans les manuscrits, par suite d'une erreur matérielle évidente, à la fin du Car. V.

7. Lacune dans le texte : le mot « olives » est une conjecture.

8. Oiseau rare, semble-t-il, d'espèce inconnue.

νεων ὅπως ἀπαγγείλῃ τῷ δήμῳ τὰ ἱερά, καὶ παρεσκευασμένος λαμπρὸν ἱμάτιον καὶ ἐστεφανωμένος παρελθὼν εἰπεῖν· « ὦ ἄνδρες Ἀθηναῖοι, ἐθύομεν οἱ πρυτάνεις τῇ Μητρὶ τῶν θεῶν τὰ Γαλάξια, καὶ τὰ ἱερὰ καλά, καὶ ὑμεῖς δέχεσθε τὰ ἀγαθά »· καὶ ταῦτα ἀπαγγείλας ἀπιὼν οἴκαδε διηγήσασθαι τῇ αὐτοῦ γυναικὶ ὡς καθ' ὑπερβολὴν εὐημέρει.

[6] Καὶ πλειστάκις δὲ ·ἀποκείρασθαι, καὶ τοὺς ὀδόντας V, λευκοὺς ἔχειν, καὶ τὰ ἱμάτια δὲ χρηστὰ μεταβάλλεσθαι, καὶ χρίσματι ἀλείφεσθαι· [7] καὶ τῆς μὲν ἀγορᾶς πρὸς τὰς τραπέζας προσφοιτᾶν, τῶν δὲ γυμνασίων ἐν τούτοις διατρίβειν οὗ ἂν οἱ ἔφηβοι γυμνάζωνται, τοῦ δὲ θεάτρου καθῆσθαι, ὅταν ᾖ θέα, πλησίον τῶν στρατηγῶν· [8] καὶ ἀγοράζειν αὑτῷ μὲν μηδέν, ξένοις δὲ εἰς Βυζάντιον † ἐπιστάλματα † καὶ Λακωνικὰς κύνας εἰς Κύζικον καὶ μέλι Ὑμήττιον εἰς Ῥόδον, καὶ ταῦτα ποιῶν τοῖς ἐν τῇ πόλει διηγεῖσθαι. [9] Ἀμέλει δὲ καὶ πίθηκον θρέψαι δεινὸς καὶ τίτυρον κτήσασθαι καὶ Σικελικὰς περιστερὰς καὶ δορκαδείους ἀστραγάλους καὶ Θουριακὰς τῶν στρογγύλων ληκύθους καὶ βακτηρίας τῶν σκολιῶν ἐκ Λακεδαίμονος καὶ αὐλαίαν ἔχουσαν Πέρσας ἐνυφασμένην, καὶ παλαιστρίδιον κόνιν ἔχον καὶ σφαιριστήριον· [10] καὶ τοῦτο περιὼν χρηννύναι τοῖς σοφισταῖς, τοῖς ὁπλομάχοις, τοῖς ἁρμονικοῖς ἐνεπιδείκνυσθαι, καὶ αὐτὸς ἐν ταῖς ἐπιδείξεσιν ὕστερον ἐπεισιέναι ἤδη συγκαθημένων, ἵν' εἴπῃ τις τῶν θεωμένων ὅτι τούτου ἐστὶν ἡ παλαίστρα.

23 τὰ ἱερὰ post πρυτάνεις V del. Petersen || 24 Γαλάξια Wilamowitz : γάρ ἄξια V || 25 οἴκαδε διηγήσασθαι Hanow : διηγήσασθαι οἴκαδε V || 26 εὐημέρει Needham : εὐημερεῖν V || 27 sqq. Vide notam initio cap. V || 27 πλειστάκις AB : πλείστου P An πλεῖστα ? || 30 προσφοιτᾶν AB : προσέρχεσθ[αι P || 31 οἱ P : om. AB || 32 ᾖ recc. : ἡ AB || 33 αὑτῷ Stephanus : αὐτὸν AB(P ?) || ἐπιστάλματα AB corruptum || 39 Πέρσας ἐνυφασμένην P : ἔχουσαν Πέρσας ἐνυφασμένους AB || 40 παλαιστρίδιον P : αὐλίδιον παλαιστριαῖον AB || 41 χρηννύναι Foss : [χρ]ω[ννύ]ναι P χρὴ νῦν ἀεὶ AB || τοῖς φιλοσόφοις ante τοῖς σοφισταῖς AB : om. P || 42 [ἐ]ν[επιδείκνυσθαι] P : ἐπιδείκν. AB || 43 ἐπιδείξεσιν recc. : ἀποδείξεσιν AB || ἐπεισιέναι Foss : ἔπεισιν AB || [ἤδη] συ[γ]καθη[μέ]ν[ων ἵ]ν' ε[ἴπῃ τις] τῶν P suppl. Edmonds : ἐπὶ τῶν AB || 44 πρὸς τὸν ἕτερον ante ὅτι AB : om. P.

XXII

LE PARCIMONIEUX

La parcimonie est une absence de générosité dans la dépense. [2] Et voici quelle sorte d'homme est le parcimonieux. Vainqueur au concours de tragédies[1], il consacre à Dionysos une bandelette de bois où n'est inscrit que son nom. [3] Au moment où, dans l'assemblée du peuple, on procède aux contributions volontaires[2], il se lève sans bruit et disparaît. [4] Quand sa fille se marie, il fait vendre, à l'exception seulement des parts réservées aux prêtres, les viandes du sacrifice[3]; et les serviteurs dont il a besoin pour la noce, il les loue, nourriture non comprise. [5] Pendant qu'il est triérarque, il use, pour se faire un lit sur le pont, des couvertures du pilote, et met de côté les siennes[4]. [6] Au temps de la fête des Muses, il s'abstient d'envoyer en classe ses enfants et prétexte qu'ils sont malades, afin de n'avoir pas à fournir leur cotisation pour la fête. [7] Il rapporte lui-même du marché les viandes qu'il a achetées et, dans le pli de son vêtement, les légumes. [8] A-t-il donné son manteau à laver: pendant ce temps il garde le logis. [9] S'il a appris que l'un

1. Non comme poète, mais comme chorège (XXIII, 7 et la note). Les chorèges tragiques dédiaient en général une plaque de marbre, décorée parfois de bas-reliefs ou de peintures, ou même à l'occasion une statue, un autel.

2. Dans un besoin urgent, l'État athénien faisait appel à la générosité des citoyens.

3. Voyez IX, 2 note 3.

4. La triérarchie était l'obligation imposée aux citoyens riches d'équiper et entretenir à leurs frais un navire fourni par l'État.

XXII

ΑΝΕΛΕΥΘΕΡΙΑΣ

Η δὲ ἀνελευθερία ἐστὶν ἀπουσία τις φιλοτιμίας δαπάνην φεύγουσα, [2] ὁ δὲ ἀνελεύθερος τοιοῦτός τις οἷος νικήσας τραγῳδοῖς ταινίαν ξυλίνην ἀναθεῖναι τῷ Διονύσῳ, ἐπιγράψας μόνον αὑτοῦ τὸ ὄνομα· [3] καὶ ἐπιδόσεων γιγνομένων ἐν τῷ δήμῳ, ἀναστὰς σιωπῇ ἐκ τοῦ μέσου ἀπελθεῖν· [4] καὶ ἐκδιδοὺς αὑτοῦ θυγατέρα τοῦ μὲν ἱερείου πλὴν τῶν γερῶν τὰ κρέα ἀποδόσθαι, τοὺς δὲ διακονοῦντας ἐν τοῖς γάμοις οἰκοσίτους μισθώσασθαι· [5] καὶ τριηραρχῶν τὰ τοῦ κυβερνήτου στρώματα αὑτῷ ἐπὶ τοῦ καταστρώματος ὑποστορέννυσθαι, τὰ δὲ αὑτοῦ ἀποτιθέναι. [6] Καὶ τὰ παιδία δὲ δεινὸς μὴ πέμψαι εἰς διδασκάλου ὅταν ᾖ Μουσεῖα, ἀλλὰ φῆσαι κακῶς ἔχειν, ἵνα μὴ συμβάλωνται· [7] καὶ ἐξ ἀγορᾶς δὲ ὀψωνήσας τὰ κρέα αὐτὸς φέρειν καὶ τὰ λάχανα ἐν τῷ προκολπίῳ· [8] καὶ ἔνδον μένειν, ὅταν ἐκδῷ θοἰμάτιον ἐκπλῦναι· [9] καὶ φίλου ἔρανον συλλέγοντος, καὶ διειλεγμένου αὐτῷ, προσιόντα προϊδόμενος ἀποκάμψας ἐκ τῆς ὁδοῦ

XXII 2 ἀπουσία τις φιλοτιμίας Schweighäuser : περιουσία τις ἀπὸ φιλοτιμίας V || 3 φεύγουσα Casaub. : ἔχουσα V || ἐπιγράψας μόνον Hanow : ἐπιγράψας μὲν V || 5 ἐν τῷ δήμῳ Meier : ἐκ τοῦ δήμου V || 6 σιωπῇ Needham : σιωπᾶν ᾗ V || 7 γερῶν Holland : ἱερέων V || 10 στρώματα αὑτῷ Meier : στρῶμα ταυτὸν V || 11 αὑτοῦ nescio quis : αὐτοῦ V || 12 Verba τοῦ ἀποτιθέναι καὶ τὰ παιδία post ὅταν ᾖ iterata V del. Coraï || 14 καὶ recc. : om. V.

de ses amis fait une collecte, du plus loin qu'il l'aperçoit, il change de direction et rentre chez lui par un détour[5]. [10] Bien que sa femme lui ait apporté une dot, il refuse de lui acheter une servante et se borne à lui louer une fillette pour l'accompagner en ville[6]. [11] Il porte des chaussures toutes rapetassées et dit : « Cela vaut de la corne ! »[12] A son lever, c'est lui qui balaie la maison et fait les lits. [13] <Au théâtre>, il s'assied sur un vieux manteau, retourné à l'envers, qu'il a lui-même apporté[7].

5. Il s'agit sans doute d'un prêt d'amitié. Voyez I, 5 et la note.

6. Voyez IX, 3 ; XVIII, 8 ; XXI, 4 ; XXIII, 8 ; XXX, 7.

7. Ce vieux manteau lui sert de coussin (II, 11 et la note) : il le retourne à l'envers, pour le ménager ; et il l'a apporté lui-même, au lieu de confier ce soin à un esclave.

τὴν κύκλῳ οἴκαδε πορευθῆναι· [10] καὶ τῇ γυναικὶ δὲ τῇ ἑαυτοῦ προῖκα εἰσενεγκαμένῃ μὴ πρίασθαι θεράπαιναν, ἀλλὰ μισθοῦσθαι [εἰς τὰς ἐξόδους ἐκ τῆς γυναικείας] παιδίον τὸ συνακολουθῆσον· [11] καὶ τὰ ὑποδήματα παλιμπήξει κεκαττυμένα φορεῖν, καὶ λέγειν ὅτι κέρατος οὐδὲν διαφέρει· [12] καὶ ἀναστὰς τὴν οἰκίαν καλλῦναι καὶ τὰς κλίνας στορέσαι· [13] καὶ καθεζόμενος παραστρέψαι τὸν τρίβωνα, ὃν αὐτὸς φορεῖ.

20 Verba εἰς τὰς ἐξόδους ἐκ τῆς γυναικείας V glossema esse opinor || 21 συνακολουθῆσον Siebenkees : συνακολουθῆσαν V || 22 παλιμπήξει Schneider (uox dubia) : πάλιν πήξει V || 24 στορέσαι correxi : ἐκχορίσαι Casaub. ἐκχορῆσαι V || 25 αὐτός vel αὐτό (in compendio) V.

XXIII

LE VANTARD

La vantardise est, semble-t-il, une simulation d'avantages qu'on ne possède pas. [2] Et voici quelle espèce d'homme est le vantard. Debout sur le Môle[1], il expose à des étrangers qu'il a de gros capitaux engagés sur mer ; il s'étend sur le prêt maritime[2] et ses avantages, détaillant les profits et les pertes qu'il y a faits personnellement ; et, au milieu de ces hâbleries, il dépêche son petit esclave à la banque, où, du reste, il n'a pas une seule drachme en compte. [3] En voyage, il mystifie son compagnon de route en lui racontant les campagnes qu'il a faites avec Alexandre, les bontés que ce prince avait pour lui et la quantité de coupes incrustées de pierres précieuses qu'il a rapportées de là-bas ; il parle ensuite des artistes d'Asie qui, à son avis, sont bien supérieurs à ceux d'Europe ; et notre homme n'a jamais mis les pieds hors d'Athènes. [4] Il dit encore qu'il a reçu, à trois reprises, des lettres d'Antipater[3], l'engageant à venir en Macédoine ; qu'on lui avait offert la faculté d'importer en franchise des bois de ce pays, mais qu'il a refusé, de crainte que quelque

1. Il s'agit, semble-t-il, de la digue qui, fermant le port du Pirée, ne laissait pour l'entrée des navires qu'une passe de 50 mètres environ.

2. C'est ce qu'on appelle le prêt à la grosse aventure. En cas de sinistre, l'emprunteur était libéré de sa dette. Mais si, au contraire, le navire arrivait à bon port, le prêteur touchait, comme prix du risque, un intérêt bien supérieur (30 pour 100) au taux ordinaire. Voyez VI, 9 et la note.

3. Régent de Macédoine.

XXIII

ΑΛΑΖΟΝΕΙΑΣ

Ἀμέλει δὲ ἡ ἀλαζονεία δόξει εἶναι προσποίησίς τις ἀγαθῶν οὐκ ὄντων, [2] ὁ δὲ ἀλαζὼν τοιοῦτός τις οἷος ἐν τῷ διαζεύγματι ἑστηκὼς διηγεῖσθαι ξένοις ὡς πολλὰ χρήματα αὐτῷ ἐστιν ἐν τῇ θαλάττῃ, καὶ περὶ τῆς ἐργασίας τῆς δανειστικῆς διεξιέναι ἡλίκη, καὶ αὐτὸς ὅσα εἴληφε καὶ ἀπολώλεκε, καὶ ἅμα ταῦτα πλεονάζων πέμπειν τὸ παιδάριον ἐπὶ τὴν τράπεζαν, <οὐδὲ> δραχμῆς αὐτῷ κειμένης. [3] Καὶ συνοδοιπόρου δὲ ἀπολαῦσαι ἐν τῇ ὁδῷ δεινός, λέγων ὡς μετ' Ἀλεξάνδρου ἐστρατεύσατο καὶ ὡς αὐτῷ εἶχε καὶ ὅσα λιθοκόλλητα ποτήρια ἐκόμισε, καὶ περὶ τῶν τεχνιτῶν τῶν ἐν τῇ Ἀσίᾳ ὅτι βελτίους εἰσὶ τῶν ἐν τῇ Εὐρώπῃ ἀμφισβητῆσαι, καὶ ταῦτα δὴ φῆσαι οὐδαμοῖ ἐκ τῆς πόλεως ἀποδεδημηκώς· [4] καὶ γράμματα δὲ εἰπεῖν ὡς πάρεστι παρ' Ἀντιπάτρου τριττὰ δὴ λέγοντα παραγίγνεσθαι αὐτὸν εἰς Μακεδονίαν, καὶ διδομένης αὐτῷ ἐξαγωγῆς ξύλων ἀτελοῦς ὅτι ἀπείρηται, ὅπως μηδ' ὑφ' ἑνὸς συκοφαντηθῇ περαιτέρω φίλος εἶναι ἢ

XXIII 2 προσποίησις Auber : προσδοκία V || 4 διηγεῖσθαι recc. : διηγεῖτο V || 7 πλεονάζων Ribbeck : πλεθρίζων V || ἐπὶ Foss : εἰς V || 8 οὐδὲ suppl. Ribbeck || 9 μετ' Ἀλεξάνδρου Auber : μετὰ εὐάνδρου V || 10 ὡς αὐτῷ εἶχε V uix sana || 13 δὴ φῆσαι scripsi : ψηφῆσαι V || οὐδαμοῖ Cobet : οὐδαμοῦ V || 17 περαιτέρω φίλος εἶναι ἢ προσῆκε Ribbeck, Madvig : περαιτέρω φιλοσοφεῖν προσῆκε V. Locus nondum sanatus.

sycophante n'allât l'accuser d'être trop bien avec les Macédoniens. [5] En un temps de disette, il a dépensé, à l'en croire, en secours aux indigents une somme supérieure à cinq talents[4] : car il ne sait pas dire non. [6] Assis dans un groupe de personnes inconnues, il prie l'une d'elles de disposer les jetons à calculer ; puis, comptant par six cents drachmes et par mine[5], et faisant suivre, pour plus de vraisemblance, chaque somme du nom d'un prétendu débiteur, il arrive à un total de dix talents. Encore ne s'agit-il là que de ses contributions à des prêts d'amitié[6] ; il laisse de côté, ajoute-t-il, ses triérarchies et toutes les autres liturgies qu'il a exercées[7]. [7] Sur le marché aux chevaux, il aborde les marchands qui ont les plus belles bêtes et feint l'intention de les acheter. [8] Dans les boutiques, il va disant qu'il est disposé à dépenser jusqu'à deux talents pour renouveler son vestiaire et il gronde son esclave de n'avoir pas pris, en sortant, l'argent nécessaire[8]. [9] Bien qu'il ne soit que locataire de la maison qu'il habite, il déclare à qui n'est pas au courant des choses que c'est sa demeure paternelle, mais qu'il songe à la vendre, faute d'espace pour ses réceptions.

4. Le talent valait environ 5 890 francs.

5. C'est-à-dire en prenant pour unité inférieure la mine (100 drachmes), pour unité moyenne 600 drachmes, et (bien que cela ne soit pas dit) pour unité supérieure le talent (6 000 drachmes) : de telle sorte que 6 jetons de l'ordre inférieur vaillent un jeton de l'ordre moyen, et 10 jetons de celui-ci un talent. Sur la table à calculer, voy. XIV, 2 et la note.

6. Voy. I, 5 et la note.

7. Les liturgies étaient des services publics, ou prestations, imposés par l'état aux citoyens riches : triérarchie (XXII, 5), chorégie tragique, comique, dithyrambique, etc.

8. Voy. XXII, 10 et la note.

προσῆκε Μακεδόσι· [5] καὶ ἐν τῇ σιτοδείᾳ δὲ ὡς πλείω ἢ πεντετάλαντα αὐτῷ <ἂν> γένοιτο τὰ ἀναλώματα διδόντι τοῖς ἀπόροις τῶν πολιτῶν, ἀνανεύειν γὰρ οὐ δύνασθαι· [6] καὶ ἀγνώτων δὲ παρακαθημένων κελεῦσαι θεῖναι τὰς ψήφους ἕνα αὐτῶν, καὶ ποσῶν καθ' ἑξακοσίας καὶ κατὰ μνᾶν καὶ προστιθεὶς πιθανῶς ἑκάστοις τούτων ὀνόματα ποιῆσαι καὶ δέκα τάλαντα, καὶ τοῦτο φῆσαι εἰσενηνέχθαι εἰς ἐράνους αὐτῷ, καὶ τὰς τριηραρχίας εἰπεῖν ὅτι οὐ τίθησιν οὐδὲ τὰς λειτουργίας ὅσας λελειτούργηκε· [7] καὶ προσελθὼν δὲ τοῖς τοὺς ἵππους τοὺς ἀγαθοὺς πωλοῦσι προσποιήσασθαι ὠνητιᾶν· [8] καὶ ἐπὶ τὰς σκηνὰς ἐλθὼν ἱματισμὸν ζητῆσαι εἰς δύο τάλαντα, καὶ τῷ παιδὶ μάχεσθαι ὅτι τὸ χρυσίον οὐκ ἔχων αὐτῷ ἀκολουθεῖ· [9] καὶ ἐν μισθωτῇ οἰκίᾳ οἰκῶν φῆσαι ταύτην εἶναι τὴν πατρῴαν πρὸς τὸν μὴ εἰδότα, καὶ διότι μέλλει πωλεῖν αὐτὴν διὰ τὸ ἐλάττω εἶναι αὐτῷ πρὸς τὰς ξενοδοκίας.

18 σιτοδείᾳ Casaub. : σποδιᾷ V || πλείω recc. : πλείους V || 19 πεντετάλαντα scripsi : πέντε τάλαντα V || ἂν addidi || 22 κατὰ μνᾶν Salmasius : κατὰ μίαν V || 24 φῆσαι Lycius : φήσας V || 25 αὐτῷ Foss : αὐτῶν V || 26 δὲ τοῖς τοὺς ἵππους τοὺς ἀγαθοὺς πωλοῦσι Sylburg : δ' εἰς τοὺς ἵππους τοὺς ἀγαθοὺς τοῖς πωλοῦσι V || 28 σκηνὰς Casaub. : κλίνας V || 33 ξενοδοκίας Cobet : ξενοδοχίας V.

XXIV

L'ORGUEILLEUX

L'orgueil est le dédain de tout ce qui n'est pas soi. [2] Et voici quelle sorte d'homme est l'orgueilleux. A un visiteur pressé il répond qu'il le recevra après dîner, pendant sa promenade. [3] Quand il a rendu un service, il ne l'oublie pas. [4] C'est dans la rue et tout en marchant qu'il prononce entre les parties qui l'ont constitué arbitre[1]. [5] Élu à une magistrature, il la décline en affirmant sous serment qu'il n'a pas le loisir nécessaire[2]. [6] Jamais on ne le voit faire une visite, le premier. [7] A ses fournisseurs et à ses journaliers il donne rendez-vous chez lui, dès l'aube. [8] Dans les rues il n'adresse la parole à personne, et s'avance la tête penchée en avant, ou au contraire, selon son humeur, relevée en arrière. [9] Quand il reçoit des amis, il ne se met pas à table et charge un de ses inférieurs d'avoir soin d'eux. [10] Il ne fait pas de visite, sans envoyer d'avance annoncer sa venue[3]. [11] Pendant son massage, son bain ou ses repas, il n'admet auprès de lui aucun

1. Au lieu de les convoquer dans un local déterminé ; généralement les séances d'arbitrage se tenaient dans les temples. Cf. V, 3 et la note.

2. On appelait ἐξωμοσία le serment par lequel un citoyen, pour échapper à une charge publique, alléguait une excuse, maladie, absence, etc. Ici l'orgueilleux avance un prétexte vague. Sur un autre sens du mot, voir la note VI, 8.

3. Cf. II, 8.

XXIV

ΥΠΕΡΗΦΑΝΙΑΣ

Ἔστι δὲ ἡ ὑπερηφανία καταφρόνησίς τις πλὴν αὑτοῦ τῶν ἄλλων, [2] ὁ δὲ ὑπερήφανος τοιόσδε τις οἷος τῷ σπεύδοντι ἀπὸ δείπνου ἐντεύξεσθαι φάσκειν ἐν τῷ περιπατεῖν· [3] καὶ εὖ ποιήσας μεμνῆσθαι· [4] καὶ βαδίζων ἐν ταῖς ὁδοῖς τὰς διαίτας κρίνειν τοῖς ἐπιτρέψασι· [5] καὶ χειροτονούμενος ἐξόμνυσθαι τὰς ἀρχάς, οὐ φάσκων σχολάζειν· [6] καὶ προσελθεῖν πρότερος οὐδενὶ θελῆσαι. [7] Καὶ τοὺς πωλοῦντάς τι ἢ μεμισθωμένους δεινὸς κελεῦσαι ἥκειν πρὸς αὑτὸν ἅμ' ἡμέρᾳ· [8] καὶ ἐν ταῖς ὁδοῖς πορευόμενος μὴ λαλεῖν τοῖς ἐντυγχάνουσι, κάτω κεκυφώς, ὅταν δὲ αὐτῷ δόξῃ, ἄνω πάλιν· [9] καὶ ἑστιῶν τοὺς φίλους αὐτὸς μὴ συνδειπνεῖν, ἀλλὰ τῶν ὑφ' αὑτόν τινι συντάξαι αὐτῶν ἐπιμελεῖσθαι· [10] καὶ προαποστέλλειν δὲ ἐφ' ὃν ἂν πορεύηται τὸν ἐροῦντα ὅτι προσέρχεται· [11] καὶ οὔτε ἐπ' ἀλειφόμενον αὑτὸν οὔτε λούμενον οὔτε ἐσθίοντα ἐᾶσαι ἂν εἰσελθεῖν·

XXIV 2 αὑτοῦ nescio quis : αὐτοῦ V || 5 φάσκειν, post μεμνῆσθαι perperam iteratum, deleui (cf. Arist. *Eth. Nicom.* IV, 8, 1124 *b*, l. 9-14) : μεμνῆσθαι φάσκειν V || 6 βαδίζων Schweighaüser : βιάζειν V || 7 κρίνειν τοῖς Foss : κρίνειν ἐν τοῖς V || 8 χειροτονούμενος Schneider : χειροτονουμένοις V || 9 θελῆσαι recc. : θελήσας V || 15 ἐφ' ὃν ἂν Bücheler : ἐπὰν V || 16 προσέρχεται Schneider : προέρχεται V || 17 αὑτὸν Foss : αὐτὸν V || λούμενον Cobet : λουόμενον V || ἐᾶσαι Casaub. : ἐάσας V.

visiteur[4]. [12] Quand il règle une affaire avec autrui, il s'en remet à son esclave du soin de disposer les jetons, de faire la somme et de la porter en compte[5]. [13] Écrit-il une lettre, il ne dit pas : « Tu serais bien aimable de..., » mais : « Je veux que telle chose soit ! — J'envoie vers toi un homme chargé de me rapporter telle chose. — Qu'il en soit ainsi, non autrement ! Pas de retards ! »

4. Cf. X, 14 ; XIX, 6 ; XXX, 8.
5. Sur la table à calculer, voy. la note XIV, 2.

[12] ἀμέλει δὲ καὶ λογιζόμενος πρός τινα τῷ παιδὶ συντάξαι τὰς ψήφους τιθέναι καὶ κεφάλαιον ποιήσαντι γράψαι αὐτῷ εἰς λόγον· [13] καὶ ἐπιστέλλων μὴ γράφειν ὅτι « χαρίζοιο ἄν μοι », ἀλλ' ὅτι « βούλομαι γενέσθαι », καὶ « ἀπέσταλκα πρὸς σὲ ληψόμενος », καὶ « ὅπως ἄλλως μὴ ἔσται », καὶ « τὴν ταχίστην ».

18 τιθέναι scripsi : διωθεῖν V || 19 γράφειν recc. : γράψειν V || 21 ληψόμενος Casaub. : ληψό superscr. compendio $\overset{o}{\mu\nu}$ V (= ληψόμενος uel ληψόμενον).

XXV

LE POLTRON

La poltronnerie, semble-t-il, est une défaillance de l'âme, causée par la crainte. [2] Et voici quelle sorte d'homme est le poltron. En mer, il prend les caps pour des navires de pirates. Dès que les vagues grossissent, il s'enquiert si tous les passagers sont initiés[1] ; la tête levée vers le ciel[2], il demande au pilote s'il tient bien la haute mer[3] et ce qu'il pense du temps ; il confie à son voisin qu'il a fait un songe, dont il est fort alarmé ; ôtant sa tunique, il la remet à son esclave[4] ; enfin, il supplie qu'on le débarque à terre. [3] En campagne, au moment où l'infanterie marche au combat, il appelle les gens de son dème et les engage à se ranger à ses côtés et à se tenir d'abord en observation, prétextant qu'il n'est pas facile de discerner si ce sont, oui ou non, des ennemis à qui on a affaire. [4] Puis, entendant le tumulte du combat, voyant les hommes tomber, il dit à ses camarades qu'il a, dans sa hâte, oublié de prendre son épée ; il court vers sa tente, et là, après s'être débarrassé de son esclave en l'envoyant à la découverte, il cache l'épée sous son oreiller, et s'attarde lon-

1. Aux mystères des Cabires de Samothrace ; on croyait que l'initiation à ces mystères était une sauvegarde contre les dangers de la navigation.

2. Pour se rendre compte de l'état de l'atmosphère.

3. Loin des rivages où, en raison des écueils, la navigation est particulièrement dangereuse.

4. Pour nager plus facilement, en cas de naufrage.

XXV

ΔΕΙΛΙΑΣ

Ἀμέλει δὲ ἡ δειλία δόξειεν ἂν εἶναι ὕπειξίς τις ψυχῆς ἐκ φόβου, [2] ὁ δὲ δειλὸς τοιοῦτός τις οἷος πλέων τὰς ἄκρας φάσκειν ἡμιολίας εἶναι· καὶ κλύδωνος γενομένου, ἐρωτᾶν εἴ τις μὴ μεμύηται τῶν πλεόντων, καὶ τοῦ κυβερνήτου ἀνακύπτων ἐκπυνθάνεσθαι εἰ μεσοπορεῖ καὶ τί αὐτῷ δοκεῖ τὰ τοῦ θεοῦ, καὶ πρὸς τὸν παρακαθήμενον λέγειν ὅτι φοβεῖται ἀπὸ ἐνυπνίου τινός· καὶ ἐκδὺς διδόναι τῷ παιδὶ τὸν χιτωνίσκον, καὶ δεῖσθαι πρὸς τὴν γῆν προσάγειν αὐτόν· [3] καὶ στρατευόμενος δὲ <τοῦ> πεζοῦ ἐκβοηθοῦντος τοὺς <δημότας> προσκαλεῖν, κελεύων πρὸς αὑτὸν στάντας πρῶτον περιιδεῖν, καὶ λέγειν ὡς ἔργον διαγνῶναί ἐστι πότερόν εἰσιν οἱ πολέμιοι· [4] καὶ ἀκούων κραυγῆς καὶ ὁρῶν πίπτοντας, εἴπας πρὸς τοὺς παρεστηκότας ὅτι τὴν σπάθην λαβεῖν ὑπὸ τῆς σπουδῆς ἐπελάθετο, τρέχειν ἐπὶ τὴν σκηνήν, <καὶ> τὸν παῖδα ἐκπέμψας καὶ κελεύσας προσκοπεῖσθαι ποῦ εἰσιν οἱ πολέμιοι ἀποκρύψαι αὐτὴν ὑπὸ τὸ προσκεφάλαιον, εἶτα διατρίβειν

XXV 2 ἂν recc. : om. V || 3 ἐκ φόβου correxi : ἔμφοβος V || τοιοῦτος recc. : om. V || 6 ἐκπυνθάνεσθαι scripsi : μὲν πυνθάνεσθαι V || 10 τοῦ add. Wilamowitz || τοὺς δημότας Ilberg : τε V || 11 αὑτόν Needham : αὐτόν V || 12 πότερον recc. : πότεροι V || 13 εἴπας Ilberg : εἶπε corr. in εἴπου V || 15 καὶ add. Gesner || 17 ὑπὸ Casaub. : πρός V.

guement, feignant de la chercher partout dans la tente. [5] S'il voit rapporter au camp quelqu'un de ses amis blessé, il accourt, lui prodigue ses encouragements, le prend sous les bras pour le soutenir ; puis, il le soigne, essuie le sang, et, assis à son chevet, écarte de la blessure les mouches ; en un mot, il s'occupe de tout, sauf de se battre. Que le trompette, alors, vienne à sonner la charge, on l'entend, toujours assis dans la tente, murmurer : « Maudit sois-tu ! Avec tes sonneries sans fin, tu ne laisseras donc pas ce pauvre homme s'endormir ! » [6] Tout couvert d'un sang qui provient de la blessure d'autrui, il va au-devant des soldats qui reviennent du combat, et il leur raconte qu'il a, au péril de ses jours, sauvé un de ses amis ! Et il amène près du lit les gens de son dème, ceux de sa tribu [5], et à chaque visiteur il explique, par la même occasion, que c'est lui, de ses propres mains, qui a rapporté le blessé dans la tente.

5. Les dèmes attiques (X, 12 note) étaient répartis en dix tribus (φυλαί), qui n'étaient pas des circonscriptions locales (car les membres d'une même tribu pouvaient appartenir à des dèmes très éloignés les uns des autres), mais plutôt des cadres administratifs.

πολὺν χρόνον ὡς ζητῶν ἐν τῇ σκηνῇ· [5] καὶ ὁρῶν τραυματίαν τινὰ προσφερόμενον τῶν φίλων, προσδραμὼν καὶ θαρρεῖν κελεύσας ὑπολαβὼν φέρειν· καὶ τοῦτον θεραπεύειν καὶ περισπογγίζειν, καὶ παρακαθήμενος ἀπὸ τοῦ ἕλκους τὰς μυίας σοβεῖν, καὶ πᾶν μᾶλλον ἢ μάχεσθαι τοῖς πολεμίοις· καὶ τοῦ σαλπικτοῦ δὲ τὸ πολεμικὸν σημήναντος, καθήμενος ἐν τῇ σκηνῇ <εἰπεῖν>· « ἄπαγ' ἐς κόρακας· οὐκ ἐάσεις τὸν ἄνθρωπον ὕπνον λαβεῖν, πυκνὰ σημαίνων ; » [6] καὶ αἵματος δὲ ἀνάπλεως ἀπὸ τοῦ ἀλλοτρίου τραύματος, ἐντυγχάνειν τοῖς ἐκ τῆς μάχης ἐπανιοῦσι, καὶ διηγεῖσθαι ὡς « κινδυνεύσας ἕνα σέσωκα τῶν φίλων »· καὶ εἰσάγειν πρὸς τὸν κατακείμενον σκεψομένους τοὺς δημότας, τοὺς φυλέτας, καὶ τούτων ἅμ' ἑκάστῳ διηγεῖσθαι ὡς αὐτὸς αὐτὸν ταῖς ἑαυτοῦ χερσὶν ἐπὶ <τὴν> σκηνὴν ἐκόμισεν.

18 ζητῶν Schneider : ζητεῖν V || ἐν τῇ σκηνῇ· καὶ ὁρῶν Coraï : καὶ ἐν τῇ σκηνῇ ὁρῶν V || 23 σαλπικτοῦ Diels : σαλπιστοῦ V || 24 εἰπεῖν suppl. Schneider || ἐάσεις Cobet : ἐάσει V || 25 ὕπνον Blaydes : ὕπνου V || 31 τὴν suppl. Ast.

XXVI

L'OLIGARQUE

L'oligarchisme, à ce qu'il semble, est un esprit de domination, qui aspire à la fois à la puissance et à la richesse [1]. [2] Et voici quelle sorte d'homme est l'oligarque. Le jour où le peuple délibère sur le choix des citoyens qu'on adjoindra à l'archonte pour organiser la procession [2], il monte à la tribune et déclare qu'il faut leur donner pleins pouvoirs ; ensuite, si on propose dix noms, il soutient qu'un seul suffit, « pourvu, ajoute-t-il, que ce soit un *homme* ». De toute l'œuvre d'Homère, il a retenu ce vers (et c'est, d'ailleurs, le seul qu'il connaisse) : « Ce n'est pas un bien que le gouvernement de plusieurs : un seul doit commander [3]. » [3] Il a sans cesse dans la bouche certaines formules, comme : « Il faut nous réunir, seuls, entre nous, pour délibérer sur la question [4]. — Tenons-nous à l'écart de la foule et de l'agora. Cessons d'aspirer aux magistratures, et n'acceptons de ces gens-la ni injures, ni honneurs [5]. — De deux choses l'une : c'est à

1. J'ai commenté ce caractère *Rev. des ét. grecq.*, XXVII (1914), p. 408.

2. Des grandes Panathénées ou des Dionysies urbaines. Le collège des neuf archontes constituait la plus haute magistrature d'Athènes. Il s'agit ici du premier archonte, qui donnait son nom à l'année.

3. *Iliade*, II, 204.

4. Allusion aux sociétés secrètes (*hétéries*), dans lesquelles le parti oligarchique athénien, réduit légalement à l'impuissance, continuait à conspirer.

5. Le réactionnaire prêche ici l'abstention politique.

XXVI

ΟΛΙΓΑΡΧΙΑΣ

Δόξειεν δ' ἂν εἶναι ἡ ὀλιγαρχία <πλεονεξία> τις ἰσχύος καὶ κέρδους γλιχομένη, [2] ὁ δὲ ὀλιγαρχ<ικ>ὸς τοιοῦτος οἷος, τοῦ δήμου βουλευομένου τίνας τῷ ἄρχοντι προσαιρήσονται τῆς πομπῆς τοὺς συνεπιμελησομένους, παρελθὼν ἀποφήνασθαι ὡς δεῖ αὐτοκράτορας τούτους εἶναι, κἂν ἄλλοι προβάλλωνται δέκα, λέγειν· « ἱκανὸς εἷς ἐστι », τοῦτον δὲ ὅτι δεῖ ἄνδρα εἶναι, καὶ τῶν Ὁμήρου ἐπῶν τοῦτο ἓν μόνον κατέχειν ὅτι

οὐκ ἀγαθὸν πολυκοιρανίη, εἷς κοίρανος ἔστω,

τῶν δὲ ἄλλων μηδὲν ἐπίστασθαι. [3] Ἀμέλει δὲ δεινὸς τοῖς τοιούτοις τῶν λόγων χρήσασθαι, ὅτι « δεῖ αὐτοὺς ἡμᾶς συνελθόντας περὶ τούτων βουλεύσασθαι, καὶ ἐκ τοῦ ὄχλου καὶ τῆς ἀγορᾶς ἀπαλλαγῆναι, καὶ παύσασθαι ἀρχαῖς πλησιάζοντας καὶ ὑπὸ τούτων οὕτως ὑβριζομένους ἢ τιμωμένους »,

XXVI 2 πλεονεξία suppleui || ἰσχύος κ[αὶ *Epit. Oxyrh. Pap.* IV, 699 c, 25 extr. : ἰσχυρῶς κέρδους V || 3 ὀλιγαρχικὸς Casaub. : ὀλίγαρχος V || 4 βουλευομένου Casaub. : βουλομένου V || 5 προσαιρήσονται Schneider : προαιρήσονται V || 6 ἀποφήνασθαι Schneider : ἀποφήνας ἔχει V || 12 λόγων Casaub. : ὀλίγων V || 13 τούτων vel τούτου (in compendio) V || 15 οὕτως conieci : αὐτοὺς V.

eux[6] ou à nous de sortir de la cité. » [4] L'oligarque ne sort qu'au milieu du jour[7]; il s'avance, le manteau bien drapé, la barbe taillée de moyenne longueur, les ongles coupés avec soin. [5] « Les sycophantes[8], déclare-t-il d'un ton dramatique, rendent la ville inhabitable. — Dans les tribunaux nous sommes indignement traités par la populace qui nous juge[9]. — Je ne conçois pas les gens qui se mêlent des affaires publiques. Quel est leur but? Le peuple n'est qu'ingratitude : il appartient à quiconque donne ou distribue[10]. — Quelle humiliation que de siéger, dans l'assemblée, à côté de quelque gueux malpropre ! — [6] Quand donc cessera ce fléau des liturgies et des triérarchies qui nous ruinent[11]? — L'odieuse engeance que celle des démagogues ! C'est Thésée qui fut le premier auteur de nos maux, le jour où, ayant concentré la plèbe de douze villes en une seule, il abolit les royautés. Aussi bien a-t-il eu le sort qu'il méritait : il a été la première victime du peuple[12] ! » Et autres propos semblables, qu'il tient aux étrangers et à ceux de ses compatriotes qui sont de son opinion et de son parti.

6. Eux, c'est-à-dire les démocrates.

7. Quand le marché est fini, et que la place et les rues ne sont plus encombrées par la foule.

8. Accusateurs volontaires et en quelque sorte professionnels, inspirés généralement par le seul appât du gain (chantage, part des biens du condamné).

9. Les tribunaux athéniens étaient de grands jurys populaires, composés au minimum de 200 juges, quelquefois de 2 500.

10. Largesses privées ou distributions officielles d'argent ou de blé.

11. Voy. XXII, 2 et 5, XXIII, 6 et les notes.

12. Selon la légende, Thésée, après avoir établi un gouvernement presque démocratique, avait été frappé d'ostracisme par le peuple ingrat.

<καὶ> ὅτι « ἢ τούτους δεῖ ἢ ἡμᾶς οἰκεῖν τὴν πόλιν »· [4] καὶ τὸ μέσον δὲ τῆς ἡμέρας ἐξιὼν καὶ τὸ ἱμάτιον ἀναβεβλημένος καὶ μέσην κουρὰν κεκαρμένος καὶ ἀκριβῶς ἀπωνυχισμένος, σοβεῖν τοὺς τοιούτους λόγους τραγῳδῶν, [5] <ὡς> « διὰ τοὺς συκοφάντας οὐκ οἰκητόν ἐστιν ἐν τῇ πόλει », καὶ ὡς « ἐν τοῖς δικαστηρίοις δεινὰ πάσχομεν ὑπὸ τῶν <κακῶν> δικαζόμενοι », καὶ ὡς « θαυμάζω τῶν πρὸς τὰ κοινὰ προσιόντων, τί βούλονται », καὶ ὡς « ἀχάριστόν ἐστι <τὸ πλῆθος καὶ ἀεὶ> τοῦ νέμοντος καὶ διδόντος », καὶ ὡς αἰσχύνεται ἐν τῇ ἐκκλησίᾳ, ὅταν παρακαθῆταί τις αὐτῷ λεπτὸς καὶ αὐχμῶν· [6] καὶ εἰπεῖν· « πότε παυσόμεθα ὑπὸ τῶν λειτουργιῶν καὶ τῶν τριηραρχιῶν ἀπολλύμενοι ; » καὶ ὡς μισητὸν τὸ τῶν δημαγωγῶν γένος, τὸν Θησέα πρῶτον φήσας τῶν κακῶν τῇ πόλει γεγονέναι αἴτιον· τοῦτον γὰρ ἐκ δώδεκα πόλεων εἰς μίαν συναγαγόντα <τὸν δῆμον> λῦσαι τὰς βασιλείας· καὶ δίκαια αὐτὸν παθεῖν, πρῶτον γὰρ ἀπολέσθαι ὑπ' αὐτῶν· καὶ τοιαῦτα ἕτερα πρὸς τοὺς ξένους καὶ τῶν πολιτῶν τοὺς ὁμοτρόπους καὶ ταὐτὰ προαιρουμένους.

16 καὶ suppl. Ussing || 19 τραγῳδῶν Herwerden : τ(ὴν) τ(οῦ) ᾠδίω (in compendio) V || ὡς addidi || 20 οἰκητόν corr., ut uidetur, in οἰκήτωρ V || 21 ὑπὸ τῶν κακῶν δικαζόμενοι correxi et suppleui ὑπὸ τῶν δεκαζομένων Meier : ὑπὸ τῶν δικαζομένων V || 22 θαυμάζω Schneider : θαυμάζων V || 24 τὸ πλῆθος καὶ ἀεὶ suppl. Ast || 26 λεπτὸς V uix sanum || 30 συναγαγόντα Cobet : καταγαγόντα V || τὸν δῆμον suppl. Schneider || λῦσαι τὰς βασιλείας Herwerden : λυθείσας βασιλ' V || 31 αὐτόν post γὰρ V deleui.

XXVII

LE TARD INSTRUIT

L'ὀψιμαθία peut être définie une application trop tardive à l'étude. [2] Et voici quelle sorte d'homme est l'ὀψιμαθής (le tard instruit). A soixante ans, il apprend des morceaux de poésie et, voulant les réciter à table, reste court[1]. [3] Il se fait enseigner par son fils[2] les mouvements militaires : « par le flanc droit, par le flanc gauche, demi-tour ». [4] Aux fêtes des Héros[3], il verse sa contribution aux éphèbes afin de prendre part à la course du flambeau. [5] Invité à un sacrifice dans le temple d'Héraclès, il jette bas son manteau et soulève lui-même le bœuf pour lui faire tendre la gorge au couteau. [6] Il va de palestre en palestre pour y faire assaut. [7] Dans les baraques foraines, il endure jusqu'à trois ou quatre représentations, essayant de retenir les airs qu'on y chante. [8] Dans les mystères de Sabazios, il s'efforce de provoquer par ses poses l'admiration du prêtre qui l'initie[4]. [9] Épris d'une courtisane, il enfonce à coups de bélier la porte de la belle, reçoit force horions de son rival et s'attire un procès. [10] Allant à la campagne sur un cheval d'emprunt, il profite de l'occasion pour se livrer à des exercices d'équitation, tombe et se fracasse la tête. [11] Membre de la société des *déca-*

1. Voy. XV, 10 et la note.

2. De 18 à 20 ans les jeunes Athéniens faisaient leur apprentissage militaire, comme garde-frontières.

3. Ces fêtes (en l'honneur de Thésée, d'Ajax, etc.) comprenaient dans leur programme une course au flambeau.

4. Dans ces mystères, les initiés se mettaient à nu pour être frottés d'argile et de son par l'initiant. Cf. XVI, 4.

XXVII

ΟΨΙΜΑΘΙΑΣ

Ἡ δὲ ὀψιμαθία φιλοπονία <περὶ παιδείαν> δόξειεν ἂν εἶναι ὑπὲρ τὴν ἡλικίαν, [2] ὁ δὲ ὀψιμαθὴς τοιοῦτός τις οἷος ῥήσεις μανθάνειν ἑξήκοντα ἔτη γεγονώς, καὶ ταύτας λέγων παρὰ πότον ἐπιλανθάνεσθαι· [3] καὶ παρὰ τοῦ υἱοῦ μανθάνειν τὸ « ἐπὶ δόρυ » καὶ « ἐπ' ἀσπίδα » καὶ « ἐπ' οὐράν »· [4] καὶ εἰς Ἡρῷα συμβαλλόμενος τοῖς μειρακίοις λαμπάδα τρέχειν· [5] ἀμέλει δὲ κἂν που κληθῇ εἰς Ἡράκλειον <συνθύσων>, ῥίψας τὸ ἱμάτιον τὸν βοῦν αἴρεσθαι, ἵνα τραχηλίσῃ· [6] καὶ προσανατρίβεσθαι εἰσιὼν εἰς τὰς παλαίστρας· [7] καὶ ἐν τοῖς θαύμασι τρία ἢ τέτταρα πληρώματα ὑπομένειν, τὰ ᾄσματα ἐκμανθάνων· [8] καὶ τελούμενος τῷ Σαβαζίῳ σπεῦσαι ὅπως καλλιστεύσῃ παρὰ τῷ ἱερεῖ· [9] καὶ ἐρῶν ἑταίρας καὶ κριοὺς προσβάλλων ταῖς θύραις, πληγὰς εἰληφὼς ὑπ' ἀντεραστοῦ δικάζεσθαι· [10] καὶ εἰς ἀγρὸν ἐφ' ἵππου ἀλλοτρίου ἐποχούμενος ἅμα μελετᾶν ἱππάζεσθαι, καὶ πεσὼν τὴν κεφαλὴν κατεαγέναι· [11] καὶ ἐν δεκαδισταῖς

XXVII 2 περὶ παιδείαν addidi || 4 ἑξήκοντα ἔτη recc. : ἑξηκονταέτης V || ταύτας recc. : ταῦτα V || 6 τὸ ἐπὶ Schneider : ἐπὶ τὸ V || ἐπ' ἀσπίδα scripsi : ἐπὶ ἀσπίδα V || 7 ἡρῷα Schneider : ἥρωα V || συμβαλλόμενος scripsi : συμβάλλεσθαι V || 9 συνθύσων addidi || αἴρεσθαι Meier : αἱρεῖσθαι V || 10 εἰσιὼν Ast : εἰπὼν V || 14 ἑταίρας Schneider : ἱερὰς corr. in ἱερᾶς V || θύραις Schneider : θυ† V || 16 ἐποχούμενος correxi : κατοχούμενος V || 17 ἐν δεκαδισταῖς Wilhelm : ἕνδεκα λιταῖς V.

distes[5], il offre un banquet à ceux de ses collègues qui ont, comme lui, mérité le titre de « promoteurs » de l'œuvre. [12] Il s'exerce aux poses plastiques avec son esclave[6]. [13] Tirant de l'arc ou du javelot avec le pédagogue de ses enfants, il lui fait la leçon, comme à un novice. [14] Dans l'établissement de bains, il fait rouler ses hanches[7] en luttant, pour se donner l'air d'un sportif[8]. [15] Et, quand il assiste à des chœurs de danse exécutés par des femmes[9], il s'essaie à reproduire les pas en se fredonnant à lui-même la mesure.

5. Association de jeunes gens, ainsi nommée par ce qu'ils se réunissaient en un banquet le dixième jour de chaque mois.

6. Traduction très incertaine. Le texte grec dit : « il joue à la grande statue. »

7. Ce déhanchement était, paraît-il (Théocr. XXIV, 109), la marque des lutteurs exercés.

8. La lutte et, d'une façon plus générale, la gymnastique faisaient partie de l'éducation des jeunes gens riches.

9. Danses religieuses, en l'honneur des dieux.

συνάγειν τοὺς μετ᾽ αὑτοῦ συναύξοντας· [12[καὶ μακρὸν ἀνδριάντα παίζειν πρὸς τὸν ἑαυτοῦ ἀκόλουθον· [13] καὶ διατοξεύεσθαι καὶ διακοντίζεσθαι τῷ τῶν παιδίων παιδαγωγῷ, καὶ ἅμα μανθάνειν παρ᾽ αὑτοῦ <παραινεῖν>, ὡς ἂν καὶ ἐκείνου μὴ ἐπισταμένου· [14] καὶ παλαίων δ᾽ ἐν τῷ βαλανείῳ πυκνὰ ἕδραν στρέφειν, ὅπως πεπαιδεῦσθαι δοκῇ· [15] καὶ ὅταν ὦσι <χοροὶ> γυναικ<ῶν>, μελετᾶν ὀρχεῖσθαι αὐτὸς αὑτῷ τερετίζων.

21 αὑτοῦ Foss : αὐτοῦ V || παραινεῖν suppl. Hanow || 24 ὦσι χοροὶ γυναικῶν suppl. Diels : ὦσιν ἐγγὺς γυναῖκες Meister : ὦσι.. γύναικ... V.

XXVIII

LE MÉDISANT

La médisance est une disposition malveillante de l'âme, qui se manifeste en paroles. [2] Et voici quelle sorte d'homme est le médisant. On lui demande : « Que penses-tu d'un tel ? — Eh bien donc, répond-il, procédons comme les généalogistes. Je commencerai premièrement par sa famille. Son père, à l'origine, s'appelait Sosias ; il entra dans l'armée, où il prit le nom de Sosistratos ; puis, s'étant fait inscrire sur le registre civique, <il est devenu Sosidémos[1]>. Quant à sa mère, c'est une noble Thrace ; songez donc, la belle s'appelle Krinokoraka ; à les en croire, d'ailleurs, toutes les femmes de cette espèce sont nobles dans leur pays. J'arrive enfin à notre homme : c'est le digne fils de tels parents, un coquin, vrai gibier de potence. » [3] Et <si on lui pose cette autre question : « Quelles sont ces femmes qui habitent la maison d'à côté[2] ?> — Tu n'es pas fixé sur leur compte, dira-t-il ; eh bien, moi, voici ce que j'en sais. » Et il entre alors dans le détail. « Ces créatures-là vont jusque dans la rue faire la chasse aux passants. — C'est une maison où on lève facilement les jambes. Je ne vous fais pas un conte en l'air ; elles s'accouplent, comme les chiens, dans la rue. — Bref, des racoleuses. — Ce sont elles qui vont ouvrir en personne,

1. Cette fin de phrase est restituée, mais paraît sûre. Sosias est un nom d'esclave ; les noms nouveaux dont se pare le personnage, Sosistratos (στρατός, armée), Sosidémos (δῆμος, peuple), traduisent, par leur composition même, son ascension sociale.

2. Restitution approximative.

XXVIII

ΚΑΚΟΛΟΓΙΑΣ

Ἔστι δὲ ἡ κακολογία ἀγωγὴ ψυχῆς εἰς τὸ χεῖρον ἐν λόγοις, [2] ὁ δὲ κακολόγος τοιόσδε τις οἷος ἐρωτηθείς· « ὁ δεῖνα τίς; » εἰπεῖν· « οὐκοῦν δή, καθάπερ οἱ γενεαλογοῦντες, πρῶτον ἀπὸ τοῦ γένους αὐτοῦ ἄρξομαι· τούτου ὁ μὲν πατὴρ ἐξ ἀρχῆς Σωσίας ἐκαλεῖτο, ἐγένετο δὲ ἐν τοῖς στρατιώταις Σωσίστρατος, ἐπειδὴ δὲ εἰς τοὺς δημότας ἐνεγράφη, <Σωσίδημος>· ἡ μέντοι μήτηρ εὐγενὴς Θρᾷττά ἐστι· καλεῖται γοῦν ἡ ψυχὴ Κρινοκοράκα, αἱ δὲ τοιαῦταί φασιν ἐν τῇ πατρίδι εὐγενεῖς εἶναι· αὐτὸς δὲ οὗτος, ὡς ἐκ τοιούτων γεγονώς, κακὸς καὶ μαστιγίας ». [3] Καὶ ἱκανὸς δὲ πρός τινα... εἰπεῖν· ἐγὼ δήπου τὰ τοιαῦτα οἶδα ὑπὲρ ὧν σὺ πλανᾷ πρὸς ἐμέ », κἀπὶ τούτοις διεξιών· « αὗται αἱ γυναῖκες ἐκ τῆς ὁδοῦ τοὺς παριόντας συναρπάζουσι », καὶ « οἰκία τις αὕτη τὰ σκέλη ἠρκυῖα· οὐ γὰρ οἷον λῆρός ἐστι τὸ λεγόμενον, ἀλλ' ὥσπερ αἱ κύνες ἐν ταῖς ὁδοῖς συνέχονται », καὶ « τὸ ὅλον ἀνδρολάβοι τινές », καὶ « αὗται <παρὰ> τὴν θύραν τὴν

XXVIII 2 ἀγωγὴ Casaub. : ἀγὼν V || ψυχῆς Edmonds : τῆς ψυχῆς V || 4 τίς; εἰπεῖν· οὐκοῦν δή corr. Hanow : τίς ἐστιν οὐκοῦνδε V || 7 Σωσίδημος suppl. Meier || 9 αἱ δὲ τοιαῦται Needham : τὰς δὲ τοιαύτας V || 11 κακὸς Schneider : κακῶς V || ἱκανὸς Foss : κακῶν V || Post τινα lacunam suspicor || 12 πλανᾷ Schneider : πλανᾷς V locus nondum sanatus || 13 κἀπὶ Casaub. : καὶ V || 16 αἱ κύνες Immisch : αἱ γυναῖκες V || 17 ἀνδρολάβοι Foss : ἀνδρολάλοι V || παρὰ suppl. Kayser.

quand on frappe à la porte de la cour[3]. » [4] S'il entend dire du mal du prochain, il ne manque pas de venir à la rescousse. « L'homme dont vous parlez, personne ne l'a en horreur autant que moi. Sa figure seule inspire déjà le dégoût. Et quant à sa vilenie, rien n'en approche. En faut-il une preuve? Bien que sa femme lui ait apporté en dot je ne sais combien de talents, et qu'elle lui ait donné un fils, il lui remet trois chalques[4] par jour pour sa nourriture et ne lui permet que les bains froids en plein mois de décembre[5]. » [5] Si dans une compagnie quelqu'un vient à se retirer, notre homme prend à partie aussitôt l'absent, et, une fois en train, ne ménage pas davantage toute sa famille. [6] Du reste, il dit pis que pendre de ses propres amis et parents, et même des morts. Il décore ses médisances des noms de franchise, esprit démocratique, indépendance; et il ne connaît pas au monde de jouissance supérieure à celle-là.

[7] [A tel point la démangeaison de la médisance rend les gens insensés et les met hors d'eux-mêmes[6].]

3. Voyez IV, 12, où le même trait est une marque de rusticité. Ici, c'est un signe d'effronterie, parce qu'il s'agit de femmes. « La porte de la cour, disait un vers de Ménandre, est l'extrême limite que ne doit pas franchir une honnête femme. ».

4. Voyez XXIII, 5 et VI, 4 et les notes.

5. Littéralement « le jour de Poseidon », c'est-à-dire le huitième jour du mois de Poseidéon (déc.-janv.).

6. Moralité apocryphe.

αὔλειον ὑπακούουσι »· [4] ἀμέλει δὲ καὶ κακῶς λεγόντων ἑτέρων συνεπιλαμβάνεσθαι εἴπας· « ἐγὼ δὲ τοῦτον τὸν ἄνθρωπον πλέον πάντων μεμίσηκα· καὶ γὰρ εἰδεχθής τις ἀπὸ τοῦ προσώπου ἐστίν· ἡ δὲ πονηρία οὐδενὶ ὁμοία· σημεῖον δέ· τῇ γὰρ αὐτοῦ γυναικὶ τάλαντα εἰσενεγκαμένῃ προῖκα, ἐξ ἧς παιδίον αὐτῷ, τρεῖς χαλκοῦς εἰς ὄψον δίδωσι, καὶ ψυχρῷ λοῦσθαι ἀναγκάζει τῇ τοῦ Ποσειδῶνος ἡμέρᾳ ». [5] Καὶ συγκαθήμενος δεινὸς περὶ τοῦ ἀναστάντος εἰπεῖν, καὶ ἀρχήν γε εἰληφὼς μὴ ἀποσχέσθαι μηδὲ τοὺς οἰκείους αὐτοῦ λοιδορῆσαι· [6] καὶ πλεῖστα περὶ τῶν <αὐτοῦ> φίλων καὶ οἰκείων κακὰ εἰπεῖν καὶ περὶ τῶν τετελευτηκότων, <τὸ> κακῶς λέγειν ἀποκαλῶν παρρησίαν καὶ δημοκρατίαν καὶ ἐλευθερίαν καὶ τῶν ἐν τῷ βίῳ ἥδιστα τοῦτο ποιῶν.

[7] [Οὕτως ὁ τῆς διδασκαλίας ἐρεθισμὸς μανικοὺς καὶ ἐξεστηκότας ἀνθρώπους τοῖς ἤθεσι ποιεῖ.]

21 οὐδενὶ ὁμοία Foss : οὐδὲν ὁμοία (ex ὁμοῖα corr.) V || 23 Post αὐτῷ uerbum γεννᾷ V del. Diels : γέγονε in margine V || 24 ψυχρῷ Herwerden : τῷ ψυχρῷ V || λοῦσθαι Cobet : λούεσθαι V || 26 εἰληφὼς Schneider : εἰληφότος V || 27 αὐτοῦ add. Herwerden || 28 τὸ add. Herwerden || 31-32 Epilogus byzantinus || 31 διδασκαλίας corruptum ; sed forsan hic epilogus ad finem characteris XXVII transferendus.

XXIX

L'AMI DE LA CANAILLE

La φιλοπονηρία n'est autre chose que le goût du vice[1]. [2] Et voici quelle sorte d'homme est le φιλοπόνηρος (l'ami de la canaille). S'il est des individus qui, à la suite d'une condamnation dans un procès criminel[2], ont été frappés de dégradation civique, voilà la société qu'il fréquente, comptant en retirer plus d'expérience et les moyens de se faire craindre. [3] Est-il question d'honnêtes gens, il soutient que l'honnêteté n'est pas dans l'ordre de la nature[3], et que tous les hommes se valent ; et il n'a que moqueries, quand il entend parler d'une personne « honnête ». [4] Au fond, assure-t-il, le méchant homme n'est qu'un esprit libre de préjugés. Et, si on lance contre un tiers quelque imputation de ce genre[4], il accorde que tel ou tel reproche peut être fondé, mais pour le reste fait ses réserves : « C'est, déclare-t-il, un garçon plein d'esprit, bon camarade, débrouillard » ; et il assure n'avoir de sa vie rencontré un homme plus capable. Qu'un coquin ait à rendre des comptes dans l'assemblée ou à se défendre devant un tribunal, il prend pour lui fait et cause : « Ce

1. Sur l'intérêt historique de ce caractère, voy. *Rev. des ét. grecq.*, art. cité, p. 412.

2. Il ne s'agit pas, semble-t-il, d'une condamnation encourue comme accusé, mais plutôt de l'amende et de l'*atimie* partielle, dont était frappé tout accusateur dont la plainte n'avait pas réuni le cinquième des voix. Cf. la fin du § 4.

3. Texte conjectural.

4. Texte conjectural.

XXIX

ΦΙΛΟΠΟΝΗΡΙΑΣ

Ἔστι δὲ ἡ φιλοπονηρία ἐπιθυμία κακίας, [2] ὁ δὲ φιλοπόνηρός ἐστι τοιόσδε τις οἷος ἐντυγχάνειν τοῖς ἠτιμωμένοις καὶ δημοσίους ἀγῶνας ὠφληκόσι, καὶ ὑπολαμβάνειν, ἐὰν τούτοις χρῆται, ἐμπειρότερος γενήσεσθαι καὶ φοβερώτερος· [3] καὶ ἐπὶ τοῖς χρηστοῖς εἰπεῖν ὡς γίγνεται κατὰ φύσιν οὐδεὶς χρηστὸς καὶ ὁμοίους πάντας εἶναι, καὶ ἐπισκῶψαι δὲ ὃς χρηστός ἐστι· [4] καὶ τὸν πονηρὸν δὲ εἰπεῖν ἐλεύθερον, καί, ἐὰν διαβάλληταί τις εἰς π<ονηρίαν>, τὰ μὲν ἄλλα ὁμολογεῖν ἀληθῆ ὑπὲρ αὐτοῦ λέγεσθαι ὑπὸ τῶν ἀνθρώπων, ἔνια δὲ ἀνανεύειν· φῆσαι γὰρ αὐτὸν εὐφυῆ καὶ φιλέταιρον καὶ ἐπιδέξιον· καὶ διατείνεσθαι δὲ ὑπὲρ αὐτοῦ ὡς οὐκ ἐντετύχηκεν ἀνθρώπῳ ἱκανωτέρῳ· καὶ εὔνους δὲ εἶναι <αὐ>τῷ ἐν ἐκκλησίᾳ λέγοντι ἢ ἐπὶ δικαστηρίου κρινομένῳ. Καὶ πρὸς <τοὺς> καθημένους δὲ εἰπεῖν δεινὸς ὡς οὐ δεῖ τὸν ἄνδρα,

XXIX 1 (titulus) φιλοπονηρίας Amadutius : φιλοπονίας V (item 2 et 23 φιλοπονία φιλόπονος V) || 3 ἠτιμωμένοις Unger : ἡττημένοις V || 4 ὠφληκόσι nescio quis : ὠφεληκόσι V || 6 κατὰ φύσιν οὐδεὶς χρηστός corr. Immisch : εἰπεῖν « ὡς φαίνεται », καὶ φῆσαι ὡς οὐδεὶς coni. Diels καὶ φησὶν ὡς οὐδείς ἐστι χρηστός V || 7 ἐπισκῶψαι Nast : ἐπισκῆψαι V || 8 ὃς Coraï : ὡς V || 9 καί, ἐὰν διαβάλληταί τις εἰς πονηρίαν, τὰ μὲν corr. Coraï et Foss : ἐὰν βούληταί τις εἰς π..... καὶ τὰ μὲν V || 11 ἀνανεύειν correxi : ἀγνοεῖν V || 13 αὐτῷ Meier : τῷ V || 14 λέγοντι V corruptum uidetur || δικαστηρίου Meier : δικαστηρίῳ V || πρὸς τοὺς καθημένους Meier : προσκαθήμενος V. An παρακαθημένους ?

n'est pas, dit-il à ses voisins, l'agent qu'il faut juger ; c'est le résultat. — Cet homme est le chien du peuple[5] ; il monte la garde contre les délinquants. — Personne ne voudra plus s'exposer à la haine pour le bien de l'État, si nous sacrifions ces gens-là. » [5] Il se fait le patron légal de tout ce qu'il y a de vil parmi les étrangers[6] ; il est l'avocat de toutes les mauvaises causes[7] ; quand il siège comme juge, il interprète toujours dans le sens du pire les accusations que se renvoient les deux parties.

[6] [En un mot, le goût du vice est le frère du vice ; et le proverbe dit vrai : « qui se ressemble, s'assemble[8]. »]

5. Cette pittoresque formule paraît avoir été d'usage courant en parlant des sycophantes ; on la retrouve chez Démosthène, *C. Aristogiton* I, 40.

6. Tous les étrangers domiciliés (métèques) devaient désigner officiellement comme leur patron ou répondant (προστάτης) un citoyen athénien.

7. Plus exactement : « il est le *synégore* (défenseur) ». Nous avons vu (XVII, 8, note) que les parties étaient tenues de plaider elles-mêmes. Mais, après la plaidoirie de l'intéressé, il était admis qu'un de ses amis prît la parole, avec l'agrément des juges, pour compléter sa défense, comme *synégore*.

8. Moralité apocryphe.

ἀλλὰ τὸ πρᾶγμα κρίνεσθαι· καὶ φῆσαι αὐτὸν κύνα εἶναι τοῦ δήμου, φυλάττειν γὰρ αὐτὸν τοὺς ἀδικοῦντας· καὶ εἰπεῖν ὡς « οὐχ ἕξομεν τοὺς ὑπὲρ τῶν κοινῶν ἀπεχθησομένους, ἂν τοὺς τοιούτους προώμεθα ». [5] **Δεινὸς δὲ καὶ προστατῆσαι φαύλων, καὶ συνηγορῆσαι ἐν δικαστηρίοις ἐπὶ πονηροῖς πράγμασιν, καὶ κρίσιν κρίνων ἐκδέχεσθαι τὰ ὑπὸ τῶν ἀντιδίκων λεγόμενα ἐπὶ τὸ χεῖρον.**

[6] [**Καὶ τὸ ὅλον ἡ φιλοπονηρία ἀδελφή ἐστι τῆς πονηρίας, καὶ ἀληθές ἐστι τὸ τῆς παροιμίας, τὸ ὅμοιον πρὸς τὸ ὅμοιον πορεύεσθαι.**]

18 ἕξομεν (ex ἕξομαι corr. ?) V || ἀπεχθησομένους scripsi : συναχθεσθησομένους V συναπεχθησομένους Meier || 20 συνηγορῆσαι Immisch : συνεδρεῦσαι V || 23-25 Epilogus byzantinus.

XXX

LE PROFITEUR ÉHONTÉ

L'αἰσχροκέρδεια est la poursuite d'un gain sordide[1]. [2] Et voici quelle sorte d'homme est l'αἰσχροκερδής (le profiteur éhonté). Il sert à ses invités des morceaux de pain insuffisants. [3] Il emprunte de l'argent à un étranger qui est descendu chez lui. [4] Chargé d'une distribution de viandes[2], il prétend que le distributeur a droit à double part, et se l'adjuge immédiatement. [5] Vendant du vin, il le livre mélangé d'eau, même à ses amis. [6] Il attend pour venir au spectacle avec ses enfants l'heure où les fermiers du théâtre laissent entrer gratis[3]. [7] Quand il va en ambassade, au lieu d'emporter l'indemnité de voyage allouée par l'état, il préfère emprunter auprès de ses collègues ; il charge d'un fardeau au-dessus de ses forces l'esclave qui l'accompagne[4], tout en économisant plus que personne sur la nourriture du malheureux ; et il ne manque pas de réclamer, pour la revendre, sa part des présents d'hospitalité, faits aux ambassadeurs. [8] Au bain, il apostrophe l'esclave qui le frictionne : « Mais,

1. Cf. Car. IX. Définition évidemment tronquée ; Aristote dit de façon plus précise que l'αἰσχροκερδής « brave toute honte en vue d'un profit même mesquin » (*Mor. à Nicomaque,* IV, 3).

2. Provenant sans doute d'un sacrifice, et que le sacrifiant faisait distribuer aux membres de sa tribu ou de sa phratrie.

3. Ces fermiers percevaient un droit fixe de deux oboles (32 cent.) par jour et par place, à charge de tenir en état et de réparer l'édifice.

4. Les Grecs, en voyage, se faisaient toujours accompagner d'un ou de plusieurs esclaves, qui portaient leurs bagages.

XXX

ΑΙΣΧΡΟΚΕΡΔΕΙΑΣ

Ἡ δὲ αἰσχροκέρδειά ἐστιν ἐπιθυμία κέρδους αἰσχροῦ, [2] ἔστι δὲ τοιοῦτος ὁ αἰσχροκερδὴς οἷος ἑστιῶν ἄρτους ἱκανοὺς μὴ παραθεῖναι· [3] καὶ δανείσασθαι παρὰ ξένου παρ' αὐτῷ καταλύοντος· [4] καὶ διανέμων μερίδας φῆσαι δίκαιον εἶναι διμοιρίαν τῷ διανέμοντι δίδοσθαι, καὶ εὐθὺς αὑτῷ νεῖμαι· [5] καὶ οἰνοπωλῶν κεκραμένον τὸν οἶνον τῷ φίλῳ ἀποδόσθαι· [6] καὶ ἐπὶ θέαν τηνικάδε πορεύεσθαι, ἄγων τοὺς υἱεῖς, ἡνίκα προῖκα ἀφιᾶσιν οἱ θεατρῶναι· [7] καὶ ἀποδημῶν δημοσίᾳ, τὸ μὲν ἐκ τῆς πόλεως ἐφόδιον οἴκοι καταλιπεῖν, παρὰ δὲ τῶν συμπρεσβευτῶν δανείζεσθαι. καὶ τῷ ἀκολούθῳ μεῖζον φορτίον ἐπιθεῖναι ἢ δύναται φέρειν, καὶ ἐλάχιστα ἐπιτήδεια τῶν ἄλλων παρέχειν, καὶ <τῶν> ξενίων τὸ μέρος τὸ αὑτοῦ ἀπαιτήσας ἀποδόσθαι· [8] καὶ ἀλειφόμενος ἐν τῷ

XXX 2 ἐπιθυμία Cobet : περιουσία V || 3 ἑστιῶν Coraï : ἐσθίων V || 6 διμοιρίαν Petersen : διμοίρῳ V || αὑτῷ nescio quis : αὐτῷ V || Paragraphos 5-16 καὶ οἰνοπωλῶν ... λάβωσι, undecimo quidem charactери adnexos, et ipsi codices AB fere integros habent || 8 τηνικάδε Needham : ἡνίκ' ἂν δέῃ AB τηνικαῦτα V || υἱεῖς AB : υἱοὺς V || 9 οἱ θεατρῶναι AB : ἐπὶ θεάτρων V || 11 συμπρεσβευτῶν AB : συμπρεσβευόντων V || δανείζεσθαι AB : δανείσασθαι V || 12 ἐπιθεῖναι post ἀκολούθῳ scriptum AB || 13 τῶν ἄλλων Coraï et Schneider : ἄλλων V τῶν ἱκανῶν AB || παρέχειν V : om. AB || καὶ τῶν ξενίων Diels : καὶ ξενίων AB καὶ ξένον V || τὸ μέρος AB : δὲ μέρος V || 14 αὑτοῦ nescio quis : αὐτοῦ ABV || 15 καὶ ante εἰπὼν ABV del. Ast.

c'est de l'huile rance que tu m'as achetée, garnement ! » et, ce disant, il s'approprie celle du voisin. [9] Ses serviteurs ont-ils trouvé sur la route quelques pièces de cuivre, il en réclame sa part : « Aubaine commune ! » s'écrie-t-il. [10] Ayant donné son manteau à blanchir, il emprunte celui d'un ami et laisse passer les jours jusqu'à ce qu'on le lui redemande. [11] Et bien d'autres traits du même genre [5]. Il se sert, pour distribuer lui-même les vivres à ses serviteurs, d'une mesure *phidonienne* [6], dont le fond est bombé intérieurement, et il a soin d'en bien racler le trop plein. [12] Juge-t-il qu'un de ses amis a acquis quelque objet à bon compte, il est homme à le lui racheter pour le revendre ensuite à bénéfice [7]. [13] Acquittant une dette de trente mines, il se fait rabattre quatre drachmes [8]. [14] Lorsque ses enfants, par suite d'une indisposition, ont manqué la classe, il retient sur la rétribution du maître une somme proportionnelle ; et, pendant tout le mois d'Anthestérion [9], où les fêtes sont nombreuses, il ne les envoie pas à l'école, afin de n'avoir pas à payer la rétribution. [15] Quand un de ses esclaves, qui travaille au dehors, lui paie sa redevance, il exige, en plus de son dû, le change de la monnaie de cuivre [10] ; [16] et quand il reçoit le compte de..... [11]. Quand le repas de la phratrie a lieu chez lui, il prétend imputer à

5. Cette formule trahit la main d'un abréviateur. Cf. XIX, 4.

6. L'étalon des mesures *phidoniennes* (ainsi appelées du nom de Phidon, roi d'Argos vers 750 av. J..C.) était inférieur à celui des mesures *soloniennes*, usitées depuis Solon à Athènes (Aristot. *Const. d'Ath.*, 10).

7. Texte très incertain.

8. Le tétradrachme d'argent était une monnaie courante. Nous dirions de même : « Sur un compte de 3 000 francs, il se fait rabattre cent sous. »

9. Février-mars.

10. Beaucoup d'esclaves athéniens exerçaient au dehors un métier manuel, sur le produit duquel ils payaient à leur maître une redevance (ἀποφορά). L'esclave ouvrier, étant rétribué à la journée, n'a en sa possession, pour acquitter cette redevance, que de la monnaie de cuivre. Mais comme, au change, cette monnaie subissait une dépréciation par rapport à celle d'argent, l'avare exige, en plus de son dû, la différence.

11. Texte tronqué.

βαλανείῳ, εἰπών· « σαπρόν γε τὸ ἔλαιον ἐπρίω, παιδάριον », τῷ ἀλλοτρίῳ ἀλείφεσθαι. [9] Καὶ τῶν εὑρισκομένων χαλκῶν ἐν ταῖς ὁδοῖς ὑπὸ τῶν οἰκετῶν δεινὸς ἀπαιτῆσαι τὸ μέρος, κοινὸν εἶναι φήσας τὸν Ἑρμῆν· [10] καὶ <τὸ> ἱμάτιον ἐκδοῦναι πλῦναι, καὶ χρησάμενος παρὰ γνωρίμου ἐφελκύσαι πλείους ἡμέρας, ἕως ἂν ἀπαιτηθῇ. [11] Καὶ τὰ τοιαῦτα· Φειδωνείῳ μέτρῳ, τὸν πύνδακα εἰσκεκρουμένῳ, μετρεῖν αὐτὸς τοῖς ἔνδον τὰ ἐπιτήδεια σφόδρα ἀποψῶν· [12] <καὶ> ὑποπρίασθαι φίλου δοκοῦντος, πρὸς τρόπου τι ὠνεῖσθαι, εἶτα λαβὼν ἀποδόσθαι· [13] ἀμέλει δὲ καὶ χρέος ἀποδιδοὺς τριάκοντα μνῶν, ἔλαττον τέτταρσι δραχμαῖς ἀποδοῦναι· [14] καὶ τῶν υἱῶν δὲ μὴ πορευομένων εἰς τὸ διδασκαλεῖον διὰ τὴν ἀρρωστίαν, ἀφαιρεῖν τοῦ μισθοῦ κατὰ λόγον, καὶ τὸν Ἀνθεστηριῶνα μῆνα <ὅλον> μὴ πέμπειν αὐτοὺς εἰς τὰ μαθήματα διὰ τὸ θέας εἶναι πολλάς, ἵνα μὴ τὸν μισθὸν ἐκτίνῃ· [15] καὶ παρὰ παιδὸς κομιζόμενος ἀποφοράν, τοῦ χαλκοῦ τὴν καταλλαγὴν προσαπαιτεῖν, [16] καὶ λογισμὸν δὲ λαμβάνων παρὰ τοῦ † χειρίζοντος· καὶ <τοὺς> φράτορας ἑστιῶν αἰτεῖν τοῖς ἑαυτοῦ παισὶν ἐκ τοῦ κοινοῦ ὄψον, τὰ

|| ἐπρίω AB : om. V || παιδάριον Foss : τῷ παιδαρίῳ AB(V?) || 17 ἐν ταῖς ὁδοῖς AB : post οἰκετῶν rettulit V || οἰκετῶν AB : οἰκείων V || 18 καὶ τὸ ἱμάτιον..... ἀπαιτηθῇ om. AB || τὸ ἱμάτιον scripsi : ἱμάτιον V θοἰμάτιον Meineke || 19 Forsan τὸ ante παρὰ supplendum || 20 καὶ τὰ τοιαῦτα V : τὰ δὲ δὴ τοιαῦτα AB || 21 Φειδωνείῳ Cobet : φειδονίῳ AB φειδομένῳ V || τὸν AB : om. V || εἰσκεκρουμένῳ Edmonds : ἐκκεκρουμένῳ AB κεκρουμένῳ (spatio ante relicto) V || 22 τὰ ἐπιτήδεια σφόδρα ἀποψῶν AB : σφόδρα δὲ ὑποσπῶν τὰ ἐπιτήδεια V || 22-24 καὶ... ἀποδόσθαι. Locus nondum apte sanatus || 22 καὶ suppl. Bloch || 23 τι ὠνεῖσθαι Naber : πωλεῖσθαι V (uerba δοκοῦντος.... πωλεῖσθαι om. AB) || 24 εἶτα λαβὼν Naber : ἐπιλαβὼν AB (uerba ἐπιλαβὼν ἀποδόσθαι om. V) || ἀμέλει δὲ AB : om. V || χρέος AB : χρέη δὲ V || 25 ἀποδοῦναι V : ἀποδιδόναι AB || Paragr. 14-15 et initium paragr. 16 (καὶ τῶν υἱῶν.... χειρίζοντος) om. AB || 26 Post διδασκαλεῖον uerba τὸν μῆνα ὅλον V del. Petersen || 28 ὅλον suppl. Wilamowitz || 31 καταλλαγὴν Cobet : ἐπικαταλλαγὴν V || 32 παρὰ τοῦ χειρίζοντος V Locus desperatus || καὶ AB : om. V || τοὺς suppl. Ast || 33 ἑστιῶν αἰτεῖν AB : om. V (paruo tamen interuallo ante τοῖς relicto) || ἑαυτοῦ V : αὐτοῦ AB.

la communauté la nourriture de ses esclaves personnels [12], et, s'il reste sur la table quelques raves à demi consommées, il en dresse la liste exacte, de peur que les gens de service ne s'en emparent. [17] Lorsqu'il voyage avec des amis, il use de leurs esclaves, et loue le sien au dehors, sans verser pour cela à la communauté le salaire qu'il en retire. [18] Dans un banquet par écot qui se tient chez lui, il porte en compte les moindres choses qu'il a fournies de sa bourse : bois, lentilles, vinaigre, sel, huile pour la lampe. [19] Si l'un de ses amis se marie ou établit sa fille, il s'absente quelque temps avant la noce pour se dispenser du cadeau d'usage. [20] Il emprunte à ses amis de ces choses que l'on n'ose pas réclamer et dont il est malaisé même d'accepter la restitution [13].

12. La phratrie était un groupement de familles, liées par une communauté de culte, de sacrifices, de repas religieux. Il faut entendre ici que le banquet a lieu chez l'avare, mais que les frais en sont supportés, au moins en partie, par la caisse de la phratrie.

13. Parce qu'elles ont par elles-mêmes peu de valeur, par exemple les menus objets énumérés, X, 13.

δὲ καταλειπόμενα ἀπὸ τῆς τραπέζης ἡμίση τῶν ῥαφανίδων ἀπογράφεσθαι, ἵνα οἱ διακονοῦντες παῖδες μὴ λάβωσι· [17] συναποδημῶν δὲ μετὰ γνωρίμων χρήσασθαι τοῖς ἐκείνων παισί, τὸν δὲ ἑαυτοῦ ἔξω μισθῶσαι καὶ μὴ ἀναφέρειν εἰς τὸ κοινὸν τὸν μισθόν· [18] ἀμέλει δὲ καὶ συναγόντων παρ' αὐτῷ, ὑπό<λογον> θέσθαι τῶν παρ' ἑαυτοῦ διδομένων ξύλων καὶ φακῶν καὶ ὄξους καὶ ἁλῶν καὶ ἐλαίου τοῦ εἰς τὸν λύχνον· [19] καὶ γαμοῦντός τινος τῶν φίλων ἢ ἐκδιδομένου θυγατέρα, πρὸ χρόνου τινὸς ἀποδημῆσαι, ἵνα <μὴ> πέμψῃ προσφοράν· [20] καὶ παρὰ τῶν γνωρίμων τοιαῦτα κίχρασθαι, ἃ μήτ' ἂν ἀπαιτῆσαι, μήτ' ἂν ἀποδιδόντων ταχέως ἄν τις κομίσαιτο.

34 ἡμίση τῶν ῥαφανίδων AB : ῥαφανίδων ἡμίσεα V || 35 λάβωσι BV : λάβοιεν A || 36 Caetera (συναποδημῶν .... κομίσαιτο) codex Vaticanus solus praebet || 38 αὐτῷ Wilamowitz : ἑαυτῷ V || 39 ὑπόλογον θέσθαι conieci : ὑποθεῖναι V || 41 ἢ Coraï : καὶ V || 42 μὴ add. Amadutius || πέμψῃ Ussing : προπέμψῃ V προσπέμψῃ Coraï.

TABLE DES MATIÈRES

1. La fin du car. V § 6-10 a été transportée car. XXI.

Ce volume,
le cinquième
de la Collection des Universités de France,
publié aux Éditions Les Belles Lettres,
a été achevé d'imprimer
en novembre 2020
sur les presses
de La Manufacture Imprimeur
52205 Langres Cedex, France

N° d'édition : 9736
N° d'impression : 201212
Dépôt légal : décembre 2020